Job?
나는 **사물인터넷** 전문가가 될 거야!

Job?

나는 사물인터넷
전문가가 될 거야!

박연아 글 | 이경원 그림 | 이기용 감수

Special
18

줌일아이

차례

12 미션, 학교 숙제를 해결하라!

4차 산업혁명 / 사물인터넷 / 스마트홈 /
사물인터넷 개발자

정보 더하기 사물인터넷의 개념과 탄생

28 엔지니어들의 활약

아두이노 / 통신기기 엔지니어, 네트워크 엔지니어 /
클라우드 컴퓨팅 / 스마트팩토리의 성공적인 구축

정보 더하기 사물인터넷의 특징

50 준우 아빠는 해결사

스마트센서 / 애플리케이션 개발자 / 무선 제스처 인식 /
스마트버튼/ 핀테크

정보 더하기 사물인터넷의 장점과 단점

74

해킹을 막아라!

정보보호 및 개인정보보호 관리체계(ISMS-P)
인증심사원이 되려면?

정보 더하기 사물인터넷의 활용

96

21세기의 새로운 도시 유형, 스마트시티

국내 스마트시티 / 데이터분석가 /사물인터넷의 데이터분석

정보 더하기 사물인터넷으로 바뀌는 세상

118

우리는 사물인터넷 전문가!

나노기술의 활용사례 / 마이크로프로세서 /
스마트헬스케어 / 스마트의료

정보 더하기 사물인터넷의 네 가지 기술 요소 / 사물인터넷을 활용한 제품

직업 탐험
워크북

나는 **사물인터넷** 전문가가 될 거야!

등장인물

준우

사물인터넷 전문가인 부모님의 영향을 받아 사물인터넷에 대한 지식이 해박한 초등학교 6학년 남자아이다. 호기심이 많고, 문제 해결 능력이 뛰어나다. 사물인터넷에 대해 조사하는 학교 숙제를 위해 소영, 영철과 함께 집에 왔다가 엄마의 제안으로 아빠 회사로 향하게 된다. 아빠 회사에서 만난 사물인터넷 전문가들을 통해 사물인터넷에 대해 배우며 꿈을 크게 갖게 된다.

소영

준우와 같은 반 친구로 밝고, 섬세한 성격의 여자아이다. 학교 숙제를 하기 위해 영철과 함께 스마트홈인 준우의 집에 놀러갔다가 신기한 사물인터넷 기기를 경험하며 사물인터넷에 관심을 갖게 되고, 사물인터넷 개발자인 준우 엄마를 동경하게 된다.

영철

준우와 같은 반 친구로 먹는 것을 좋아하고, 요리하는 것이 취미다. 친구들이 하는 말에 엉뚱한 대답을 하여 핀잔을 듣긴 하지만, 친구들 일이라면 발 벗고 나서는 의리파이기도 하다. 맛있는 음식이 마구 만들어지는 사물인터넷 앱 개발을 하고 싶다는 꿈을 꾸게 된다.

준우 아빠

'국일 사물인터넷'이라는 회사의 사물인터넷 기획자이자 고문이다. 회사의 위급한 상황에서도 침착하게 일을 해결하는 등 대처 능력이 뛰어나고 리더십이 있다. 준우, 소영, 영철에게 사물인터넷 전문가들을 만나게 함으로써 전문가들이 하는 일을 배우고 꿈을 꾸도록 돕는다.

준우 엄마

도시적인 이미지와 달리 부드럽고 온화한 성품이다. 사물인터넷 개발자로 준우 일행에게 사물인터넷이 무엇인지 알려주고 호기심을 해결해준다. 차분하고 항상 미소 띤 얼굴로 아이들이 모르는 것을 친절하게 설명해준다.

준우 삼촌

똑부러지는 성격의 데이터분석가다. 준우 할아버지 생신을 맞아 부모님이 계신 곳으로 가는 중 준우와 친구들을 만나게 되는데, 아이들에게 데이터분석가가 하는 일은 물론 스마트팜과 스마트시티에 대해서도 친절하게 설명해준다.

꿈을 찾아가는
꿈나무를 위한 길잡이

허영만 화백이 그린 만화《식객》이 한국 음식 문화의 품격과 철학의 깊이를 더한 '음식 문화서'라고 한다면,《job?》시리즈는 '바라고 꿈꾸는 것을 이루기 위해 줄기차게 노력하면 반드시 꿈은 이루어진다'는 교육 철학을 담은 직업 관련 학습 만화입니다. 어린이와 청소년들이 만화를 통해 각 분야의 직업을 이해하고, 스스로 장래 희망을 설정하는 데 도움을 주는 진로 교육서이기도 합니다.

꿈과 희망은 사람을 움직이는 가장 강력한 에너지입니다. 꿈과 희망이 있는 사람은 밝고 활기찹니다. 그리고 호기심과 열정이 가득해서 지루할 틈이 없이 부지런합니다. 특히 어린이와 청소년들에게 꿈과 희망은 삶을 긍정적으로 바라보게 하는 가장 강력한 버팀목 역할을 합니다.

어른이 되어 이루는 성공과 성취는 어린 시절부터 바랐던 꿈과 희망이 이뤄 낸 결과입니다. 링컨과 케네디, 빌 게이츠와 오바마, 이들은 어린 시절에 꾸었던 꿈과 희망을 실현하기 위해 노력한 사람들입니다. 삼성을 일류 기업으로 이끈 고(故) 이병철 회장이나 우리나라 경제 발전에 초석을 다진 현대그룹의 고(故) 정주영 회장도 어린 시절의 꿈을 실현한 대표적인 사람입니다. 꿈과 희망 안에는 미래를 변하게 하는 놀라운 능력이 숨어 있습니다. 꿈과 희망을 품고 노력하면 바라던 것이 이루어집니다.

어린이와 청소년들이 스스로 미래를 준비할 수 있도록 도움을 주고자 기획한《job?》 시리즈는 우리 사회 각 분야의 직업을 다루고 있습니다. 어떤 분야의 직업을 갖고 사는 것이 좋으며 가치 있을지를 만화 형식을 빌려서 설명하여 이해뿐 아니라 재미까지 더하였습니다.

그동안 직업을 소개하는 책은 많았지만, 어린이 눈높이에 맞춘 직업 관련 안내서는 드물었습니다. 이 책의 차별성은 바로 여기에 있습니다. 단순히 각각의 직업이 무슨 일을 하는지를 소개하는 데 그치지 않고 사회적 측면에서 바라본 직업의 존재 이유와 작용 원리를 적절한 용어를 사용하여 어린 독자들의 이해를 돕습니다. 자칫 딱딱할 수 있는 직업 이야기를 맛깔스러운 대화와 재미있는 전개로 설명하여 효과적인 진로 안내서 역할도 합니다.

이 책이 어린이와 청소년들에게 세상의 여러 직업을 깊이 이해하고 자신의 미래를 여는 데 도움을 줄 것이라 기대합니다. 아울러 장차 세계를 이끌 주인공이 될 어린이와 청소년들이 직업과 관련해서 멋진 꿈과 희망을 얻길 바랍니다.

문용린 (서울대학교 교육학과 명예교수)

스마트한 세상의
변화 속으로

우리 친구들의 일상생활에서 빼놓을 수 없는 한 가지를 꼽으라면 무엇일까요? 아마
도 스마트폰이 아닐까 합니다.

우리는 일상에서 스마트폰으로 참 많은 것을 합니다. 엄마는 스마트폰으로 장도 보
고, 쇼핑도 하고, TV를 보기도 하시지요. 또 아빠는 스마트폰을 네비게이션으로 활용
하기도 하고, 뉴스를 검색하고, 메일로 업무 지시도 하실 거예요.

우리 친구들은 어떤가요? 스마트폰으로 학교 알림장을 확인하고, 코로나19 시대를
맞아 QR코드 확인을 하기도 하지요. 그 외에도 학습, 게임, 취미활동까지 다양한 일
을 할 거예요.

스마트폰 하나로 어떻게 그 많은 일을 할 수 있는 걸까요? 스마트폰은 예전처럼 단순
한 휴대용 전화의 기능만 가지고 있는 것이 아닙니다. 유무선 인터넷의 보급이 확대
되어 어디서든 통신이 가능해졌기 때문이지요. 마음만 먹으면 어디서든 정보를 얻을
수 있고, 찾을 수 있게 된 것입니다.

우리는 사물인터넷 시대를 맞이했습니다. 스마트한 세상의 변화가 시작된 것이지요.
사물인터넷이란 유·무형의 모든 사물이 인터넷에 연결되는 것을 말합니다. 스마트폰
은 물론 자동차, 냉장고, 세탁기 등과 같은 모든 사물에 인터넷을 연결해 통신을 하

고, 센서를 장착해 정보를 주고받으며 조정할 수 있게 된 것이지요.

스마트폰뿐만 아니라 모든 사물에 인터넷이 연결된다면 어떨까요? 전철이나 버스를 운전하는 기사님이 계시지 않아도 무인 운전이 가능해지고, 집 안의 전기를 켜고 끄는 일도 수동이 아닌 자동으로 조정할 수 있습니다.

사물인터넷 기술은 빠르게 발전하고 있어요. 우리의 생활을 보다 편리하고 안전하게 만들어주고, 정보를 더 신속하게 주고받을 수 있게 만들지요. 이런 기술은 저절로 만들어진 것이 아닙니다.

그렇다면 누가 만들었을까요? 《job? 나는 사물인터넷 전문가가 될 거야!》를 보면 사물인터넷과 관련된 직업 이야기, 사물인터넷의 활용 분야 등 재미있는 이야기가 가득하답니다.

사물인터넷을 개발하고, 만들어낸 사람들의 다양한 직업을 통해 평소 가졌던 궁금증을 풀어보고, 다양한 직업 세계를 재미있는 만화를 통해 체험해 보는 계기가 되었으면 합니다.

글쓴이 **박연아**

미션, 학교 숙제를 해결하라!

자, 오늘은 4차 산업혁명에 대해서 배웠어요. 어때요, 좀 이해가 됐나요?

어려워요!

다시 한번 정리하면, 1차 산업혁명은 증기기관 기반의 기계화 혁명이었어요. 증기기관의 발명으로 대량생산이 가능해진 거예요.

그럼 2차 산업혁명에는 무엇이 달라졌는지 기억하는 사람?

저요!

그래, 준우가 말해보자.

전기가 공급되어서 대량생산이 가능해졌고, TV나 전화기 같은 통신기술이 발달했습니다!

우와~!

오, 역시 괜히 회장이 아니야.

그래요. 2차 산업혁명으로 자동차 사용이 늘어나기도 했어요. 그리고 3차 산업혁명에는 컴퓨터와 인터넷의 발달로 정보화 시대가 시작됐어요.

그리고 2011년 독일의 '인더스트리 4.0'에서 시작되어 지금도 우리에게 변화와 영향을 미치고 있는 것이 바로?

4차 산업혁명!

4차 산업혁명

'기술융합의 시대'로 정의되는 4차 산업혁명은 3차 산업혁명을 기반으로 발전했어요. 인공지능 기술을 비롯해 사물인터넷, 빅데이터, 클라우드 등과 같은 정보통신기술(ICT)의 융합을 통해 생산성이 급격히 발달하면서 사회구조를 변화시킨 '기술혁명'을 말한답니다.

초연결(Hyper connectivity), 초지능(Super intelligence)의 특성을 가진 4차 산업혁명으로 미래사회는 상호연결된 지능화된 사회로 변화할 것으로 주목받고 있습니다.

오늘 내줄 조별 숙제는 바로 4차 산업혁명의 중심에 있는 사물인터넷에 대해 조사해오는 거예요.

다음 주 월요일까지 잘 조사해서 발표하기로 해요. 알았죠?

네에~

소영아~! 잠깐만 기다려 봐!

성소영! 무슨 걸음이 그렇게 빨라?

아, 영철아… 준우야…

우리 셋이 한 조잖아. 숙제 의논해야 하는데 그냥 가면 어떡해?

아, 미안…

무슨 일 있어? 오늘따라 왜 그래?

사물인터넷이 뭔지도 모르는데 조사하라고 하시니까. 조별 숙제인데, 난 도움도 안 될 것 같고…

걱정하지 마시라. 우리에겐 정보맨 곽준우 박사와 비가 오나 눈이 오나 엔도르핀을 만들어내는 웃음 전도사 김영철님이 계시잖아.

아하하…

웃음 전도사 김영철님께서 웃음 전파에 성공하셨습니다!

푸흡…!

사물인터넷이라고 하니까 단어가 생소해서 더 어렵게 느껴질 거야.

맞아, 좀 어려워.

우리가 사용하는 모든 것들이 사물인터넷과 관련 있어. 알고 보면 '이런 거였어?' 하면서 놀랄걸?

쉽게 아는 방법이 있는 거야?

우리집에 가보면, 쉽게 이해될 거야.

그럼 오늘은 준우네 집으로 고고!

하하!

그러고 보니까 준우네 집은 처음 가보는 것 같아.

숙제 핑계로 준우네도 가보고, 좋네~

잠깐… 오늘 날씨가 좀 추우니까, 보일러 좀 미리 틀어놔야겠다.

와, 스마트폰으로 어떻게 집에 있는 보일러를 튼 거야? 아이언맨도 그건 못 할 것 같은데…

우리가 인터넷으로 매일 하는 걸 생각해 봐.

음… 인터넷 검색, SNS, 미디어 콘텐츠 시청, 게임, 음악 다운로드…

그래, 그건 사람이 컴퓨터나 스마트폰을 이용해서 데이터에 접근하는 거잖아? 그런데 사물인터넷은 사물이 데이터에 접근하거나 다른 사물들과 연결되는 거야.

연결

아하! TV에서 본 것 같다. 사물이 스마트TV나 스마트냉장고 같은 사물과 연결되면 그 안에 있는 센서가 축적한 데이터를 보내서 사물 간 상호작용을 하는 거잖아.

바로 그거야. 우리가 흔히 사용하는 냉장고, 세탁기, 스마트폰 같은 사물들이 서로 연결되어 새로운 기능을 제공하는 것을 사물인터넷이라고 해.

아하… 이제야 이해가 좀 된다.

그럼 방금 사물인터넷 원리를 이용해서 스마트폰 앱으로 너희 집 보일러를 켠 거네?

보일러뿐 아니라 집 안에 있는 가전제품을 비롯한 조명까지 모두 원격 조종할 수 있어.

와…!

사물인터넷

일상에서 쓰이는 TV, 냉장고 같은 가전제품이나 자동차 등의 사물이 인터넷을 통해 서로 연결되는 세계를 IoT 즉, 사물인터넷이라고 합니다.

스마트홈

집이 지능을 가지고 있다면 어떨까요? 침입을 방지하는 보안 시스템, 전등, TV, 냉장고, 에어컨 등의 가전제품을 네트워크를 통해 서로 연결해서 원격으로 조종하도록 만든 시스템을 스마트홈이라고 합니다. 스마트홈은 사물인터넷을 기반으로 하고 있습니다. 스마트폰으로 에어컨 같은 가전제품을 켜고 끄거나, 가스 밸브 잠그는 것을 깜빡했을 경우 집 밖에서도 잠글 수 있습니다. 이렇게 스마트홈은 집 안의 사물들이 스스로 정보를 교환하고 그것을 기반으로 거주자에게 편의를 제공합니다.

어? 달라 보이는 게 없는데? 우리집이랑 똑같은데?

겉으로 보이는 건 똑같아.

오, 집이 따뜻해서 좋다.

아까 준우가 미리 난방을 틀었잖아.

사물과 사물이 네트워크로 서로 연결되어 있기 때문에 가능한 거지.

아하, 그럼 기기들이 서로 통신하려면 네트워크에 반드시 연결되어 있어야겠구나?

네트워크란 게 그럼 인터넷 같은 거네?

그렇지. 여러 대의 컴퓨터를 유무선 통신기기로 연결해서 데이터를 주고받을 수 있게 해주는 통신망이 바로 네트워크라는 거야. 사물들이 네트워크로 연결되면, 이러한 네트워크를 사물인터넷 이라고 해.

우리 엄마는 인터넷에 연결된 스마트락을 자주 이용하서. 내가 언제 집에 왔는지 그리고 학원을 가려고 언제 집에서 나갔는지 등 문을 여닫는 시간을 회사에서도 확인하실 수 있기 때문이지.

그럼 혹시 잠들었다가 시간을 놓쳐서 학원에 늦으면 엄마가 바로 아시겠네?

맞아. 지난번에 그래서 엄마가 전화로 깨워주신 적도 있어. 만약에 누가 집에 몰래 침입하면 바로 경보를 울리고 경찰서에 신고하기도 해주지.

그게 바로 사물인터넷이 연결되어 있기 때문이라는 거지?

그럼 항상 스마트폰이 있어야겠네. 스마트폰이 없으면 사물인터넷을 사용할 수 없잖아.

음성으로 인식하는 것들도 있어.

내 목소리를 알아듣고 불을 끄거나 에어컨 온도를 올리거나 내릴 수도 있어. 심부름을 시키는 거 같지?

에어컨 온도 내려 줘~

불 꺼~

더 신기한 거 말해 줄까? 냉장고를 열지 않아도 안에 무엇이 들어있는지, 몇 개가 들어있는지 알 수도 있어.

냉장실 : 01 C

사과 03개
주스 01병
우유 01병
계란 05알

우리집 TV는 내가 시청한 것들을 토대로 재미있는 프로그램을 추천해 줘.

그러고 보니 우리집에도 사물인터넷을 활용한 것이 있네.

사람의 움직임을 감지해서 저절로 불이 켜지는 전등은 동작감지센서가 내장되어 있기 때문이야. 사물인터넷을 활용한 것은 아냐. 네트워크 연결이 되어있는 게 아니니까.

우리집 현관에 전등은 사람을 인식하면 저절로 불이 켜져. 이것도 사물인터넷 맞지?

너는 사물인터넷에 대해 아는 게 많구나.

하하. 엄마가 사물인터넷 개발하는 일을 하시고, 아빠는 사물인터넷을 기획하고 개발 과정을 총괄하는 일을 하시거든.

와…!

어쩐지 전문가 같더라!

철퍼덕!

거긴 아빠 서재인데… 책이라도 떨어졌나?

책에 발이라도 달렸냐, 혼자 막 떨어지게…

뭐, 뭐야… 집에 아무도 없는 거 아니었어?

저쪽 방에서 소리가 난 것 같은데…

덜덜덜…

어머, 준우야!

으악! 귀신이다!

우리 엄마야!

안녕하세요.

소영이랑 영철이구나? 얘기 많이 들었어.

근데 이 시간에 회사에 안 계시고, 왜 집에 계세요?

아, 아빠가 깜빡하고 중요한 서류를 놓고 온 게 있다고 해서서 가지러 왔어.

사물인터넷 개발자

센서와 스마트기기가 합쳐져 한 나라 또는 도시 차원에서 관리되는 사물인터넷을 한 사람 한 사람이 필요한 용도로 사용할 수 있게 개발하는 일을 합니다. 주로 통신회사 혹은 스포트웨어를 개발하는 회사의 연구소에서 일하며, 정보통신기술을 다루는 정부 부처의 산하기관이나 연구기관의 연구원으로 일합니다.

집에 놀러 온 모양인데, 엄마가 방해했네?

아니에요. 숙제도 하고, 준우네 스마트홈도 구경할 겸 온 거예요.

그렇구나. 숙제가 뭔데?

사물인터넷 관련 직업에 대해 알아 오는 거예요.

그래? 그럼 아줌마가 도와줄까? 이 서류 갖고 회사로 가야 하는데, 숙제도 해결할 겸 아줌마 회사 구경할래?

네에!

자, 그럼 출발!

출발!

부글

맞다! 준우야, 라면 먹으려고 물 끓이고 있었잖아!

걱정하지 마. 나한텐 이게 있으니까.

톡!

쿵

엄마가 와이파이(WiFi)나 블루투스(Bluetooth) 같은 네트워크를 이용한 센서를 개발하셨어.

부웅

와… 개발자는 그런 일을 하는구나.

멋지세요!

그리고 블루투스나 와이파이를 통해서 정보를 스마트폰으로 바로 전송해 기록을 쉽게 할 수 있도록 하는 애플리케이션 개발도 하셔.

와, 정말 대단하세요! 정말 중요한 일을 하시네요.

사물인터넷 분야를 개발하시다니….

지금 개발하고 있는 건 어떤 거예요?

스마트냉장고에 대한 것을 개발하고 있는 중이란다.

눈에서 하트 발사되겠다. 내 얼굴이 좀 잘생긴 얼굴이긴 하지.

무슨 말도 안 되는 소리야!

풉!

하하하!

하하하

부우웅-

사물인터넷의 개념과 탄생

사물인터넷(Internet of Things, IoT)은 단어의 뜻 그대로 '사물들(things)'이 '인터넷 (Internet)을 통해 서로 연결된 것' 혹은 '사물들로 구성된 인터넷'을 말해요. 사물인터 넷은 인터넷을 기반으로 모든 사물을 연결하여 사물과 사물, 사람과 사물 간의 정보 를 상호 소통하는 지능형 기술 및 서비스를 의미해요. 사물인터넷이 차세대 육성 산 업으로 꼽히면서, 정부가 사물인터넷 발전에 힘쓰고 있어요. 그럼 사물인터넷이 무엇 이고, 어떻게 탄생했는지 알아볼까요?

● 사물인터넷이란?

사물인터넷은 사물에 센서를 부착하여 시간과 공간의 제약 없이 실시간으로 인 터넷을 통해 데이터를 주고받는 기술 또는 환경을 의미해요.

사물인터넷의 표면적인 정의는 사물, 사람, 장소, 프로세스 등 유·무형의 사물 들이 연결된 것을 의미하지만, 본질적으로는 이러한 사물들이 연결되어 진일보 한 새로운 서비스를 제공하는 것을 의미해요. 즉 두 가지 이상의 사물들이 인터 넷을 통해 서로 연결됨으로써 개별적인 사물들이 제공하지 못했던 새로운 기능 을 제공하는 것이지요.

예를 들어 침대와 실내등이 네트워크를 통해 연결되었다고 가정하면, 침대는 사람이 자고 있는지를 스스로 인지하여 자동으로 실내등이 꺼지도록 하는 것이 에요. 사물들끼리 서로 대화를 나눈 후 사람을 위한 편리한 기능들을 수행하게 되는 것이랍니다.

● 사물인터넷의 역사

사물인터넷은 최근 등장한 개념이 아니라 꽤 오래전부터 존재해 왔어요. 기술이 발전하면서 점차 사물인터넷 개념과 용어도 진화했는데요. 요즘 사용하는 사물인터넷이란 용어는 인터넷이 탄생한 지 30년 후인 1999년에 생겨났어요. 당시 P&G 회사에서 일하던 캐빈 애시턴이 이 용어를 처음 사용했어요. 캐빈은 자기 회사의 제품들에 RFID태그(전자태그)를 부착하여 사물과 사물을 연결하면서 이를 사물인터넷이라고 불렀어요. RFID는 무선인식이라고도 하며, 반도체 칩이 내장된 태그(Tag), 라벨(Label), 카드(Card) 등의 저장된 데이터를 무선주파수를 이용하여 비접촉으로 읽어내는 인식시스템이에요.

이후 사물인터넷은 RFID뿐만 아니라 다양한 센서 및 통신기술들과 결합하며 발전해 나갔어요. 그중 대표적인 통신기술들은 무선센서네트워크(WSN, Wireless Sensor Network)기술과 사물지능통신(M2M, Machine-to-Machine)기술이에요. 무선센서네트워크기술은 근거리 무선통신 기능을 포함하고 있는 소형의 센서 장치들을 연결하여 특정 장소의 상태나 환경 변화 정보를 종합적으로 수집하고 관리하는 기술이에요. 이와 달리 사물지능통신기술은 이동통신기술을 이용하여 멀리 떨어져 있는 기계와 기계를 연결하여 효율적으로 장치를 운용하기 위한 기술이에요. 대표적으로 은행의 현금지급기(ATM)가 M2M 기술을 활용한 것이에요.

하지만 무선센서네트워크기술과 사물지능통신기술은 활용 분야가 한정적인 데다 도입 비용도 높아 크게 주목받지 못했어요. 이후 다양한 센서 장치와 기기를 결합하는 시도가 꾸준히 이어지면서 소비자 유통, 헬스케어, 스마트홈 등 다양한 분야에서 사물인터넷 시대가 본격적으로 이뤄지기 시작했어요.

엔지니어들의 활약

국일 사물인터넷

우와~!
엄청 크고
멋진 회사다!

아빠다!

그런데
분위기가 심각해
보여…

와~ 준우네 아빠
짱 멋있다!

무슨 문제가 생겼나 봐.

너무 걱정하지 말라구~ 이런 개발 과정이 있어야 좋은 결과가 나오는 법이거든.

정말 그런 거예요?

그럼!

특히 이번 프로젝트는 '아두이노'를 기반으로 한 스마트팩토리 시스템이라서 아주 섬세한 점검 과정이 필요하단다.

네?

아두? 아노? 그게 뭐예요?

어휴~ 아!두!이!노!

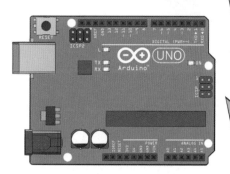

아두이노

이탈리아어로 '강력한 친구'라는 뜻을 가진 아두이노는 작은 플라스틱판에 컴퓨터에 해당하는 마이크로콘트롤러를 달아 여러가지 기능을 할 수 있게 만들어져 있습니다. 여기에 전선을 꽂으면 불을 켰다 껐다 할 수 있고, 버저나 모터 등 여러 가지 다른 전자 부품과 연결하여 소리를 내거나 움직이게 할 수도 있답니다.

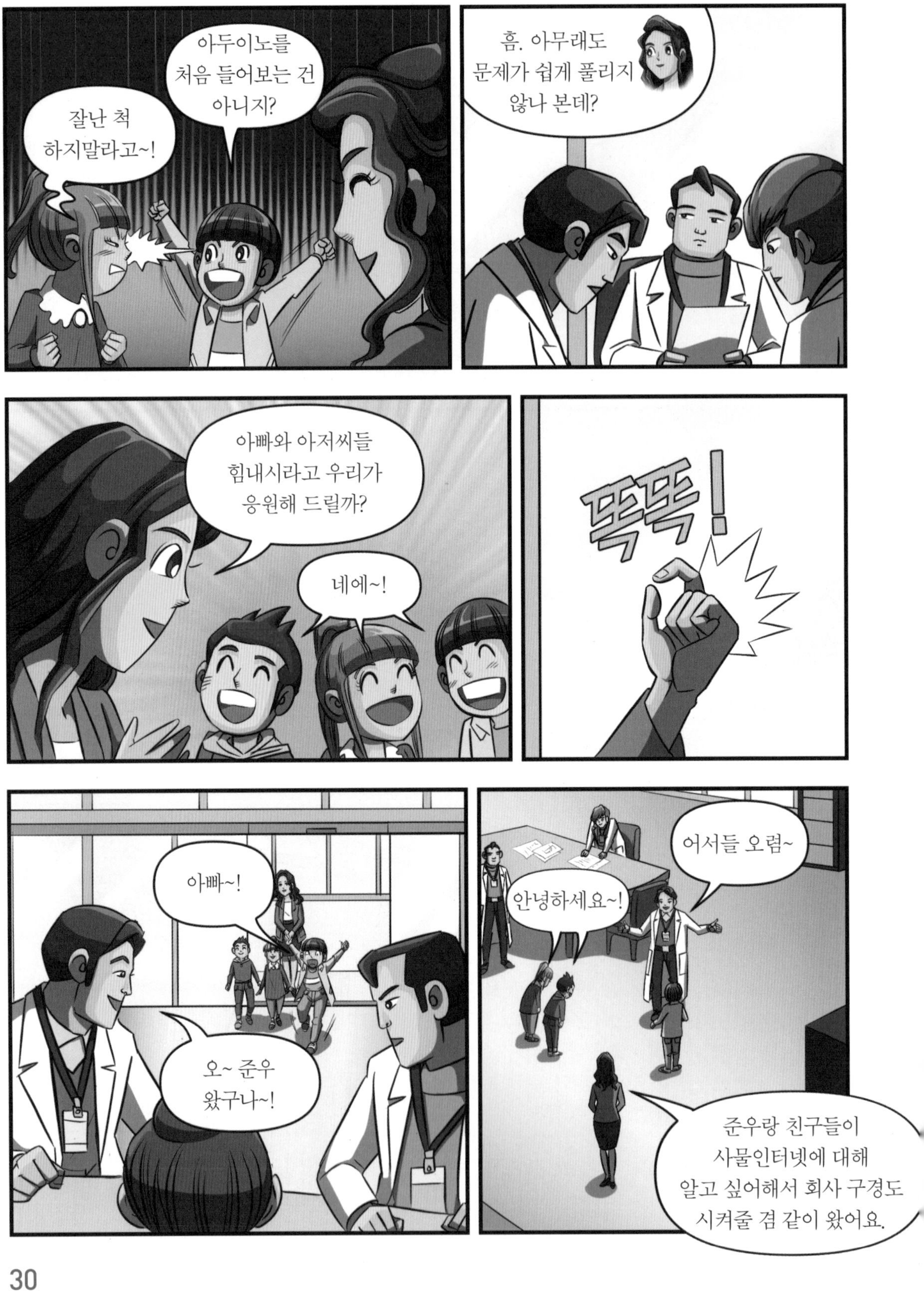
아두이노를
처음 들어보는 건
아니지?
잘난 척
하지말라고~!
흠. 아무래도
문제가 쉽게 풀리지
않나 본데?
아빠와 아저씨들
힘내시라고 우리가
응원해 드릴까?
네에~!
똑똑!
아빠~!
오~ 준우
왔구나~!
어서들 오렴~
안녕하세요~!
준우랑 친구들이
사물인터넷에 대해
알고 싶어해서 회사 구경도
시켜줄 겸 같이 왔어요.

통신기기 엔지니어

통신에 사용되는 다양한 통신기기 및 전송 방식에 사용되는 전자제품, 전자회로, 통신기술 등을 연구, 개발합니다.

네트워크 엔지니어

각종 하드웨어 및 소프트웨어 등 통신망을 운영, 관리하고 시스템을 설계·설치하는 엔지니어입니다. 전체적인 네트워크 시스템의 구조를 분석하고 평가하여 문제점과 개선책을 마련하고 가능성, 확장성, 변경가능성 등에 기반하여 구조를 설계합니다.

자~ 그럼 꼬마 손님들에게 사물인터넷을 알기 쉽게 설명해 줘야 할 텐데, 뭐부터 시작하지?

아빠. 얘들은 완전 초보라서 아주 기초부터 설명해 줘야 해요.

헤헤~ 초보 맞아요.

쳇! 완전 초보는 아니다 뭐~

음~ 사물인터넷을 공부하기 위해서는 가장 기본적인 세 가지 요소부터 알아야 하는데 그게 뭔지 알고 있니?

세 가지 요소요? 뭐지? 뭐지?

사물인터넷의 기본 세 가지 요소는 바로 표시, 동작, 환경을 말해.

표시, 동작, 환경?

하하~ 사물인터넷을 사용하려면 연결된 기기마다 이름과 주소를 표시해서 서로를 구별할 수 있게 해줘야 한단다.

그렇게 표시해서 구별해 줘야 각자 어떤 역할을 할지 정확하게 지시할 수 있는 거죠?

맞아. 잘 알고 있구나.

기계는 사람이 아닌데 어떻게 이름과 주소를 표시해요?

흐음…

아! 너희들 IP주소나 바코드에 대해서는 알지?

바코드는 과자상자에서 많이 봤어요. 꿀꺽!

네! IP는 인터넷을 이용할 때 쓰는 컴퓨터 주소잖아요.

205.251.233.50

99.82.172.36

10.135.151.39

하하~ 맞아. 상품마다 다른 바코드를 붙여서 서로를 구별하는 거지.

으이구~

히힛~

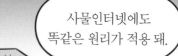

사물인터넷에도 똑같은 원리가 적용 돼.

클라우드 컴퓨팅

클라우드 컴퓨팅은 인터넷상의 서버를 통해 서버, 스토리지, 데이터베이스, 네트워킹, 소프트웨어, 분석, 인텔리전스 등의 컴퓨팅 서비스를 한 번에 사용할 수 있는 컴퓨팅 환경입니다. 이용자의 모든 정보를 인터넷상의 서버에 저장하고 이 정보를 각종 IT기기를 통해 시간과 공간의 제한 없이 이용할 수 있습니다. 클라우드 컴퓨팅을 통해 더 빠른 혁신과 대규모 경영의 이익 효과를 누릴 수 있게 됩니다.

연결된 기기에 각각
IP주소를 부여하고

0.1c°

연결 중...
IP :205.17.25.103

공장의 경우,
바코드를 붙여
구분하기도 하지.

이렇게 사물에 주소와
이름을 붙여서 각각
구분하는 일을 통틀어
표시계열이라고
한단다.

그럼 두 번째,
동작은요?

그건 내가
설명해 줄게.

내가 하는 일이 그 두 번째, 동작계열에 속하는 통신기기를 담당하는 거거든.

오~

사물인터넷의 동작은 연결된 기기마다 이용하는 사람이 원하는 기능을 입력해서 작동하게 하는 걸 말해.

아침에 일어날 때, 잠들 때, 외출할 때마다 가전제품을 일일이 켜거나 끌 필요 없이, 여러 대가 동시에 켜지거나 꺼지도록 할 수 있어.

또 생활 패턴에 맞춰 자동으로 실행할 수도 있단다. 주방 전등을 끄면, 가스가 자동으로 잠금 되는 거지.

스스로 알아서 조절할 수도 있단다. 집 안 공기가 좋지 않아 환기가 필요하면 자동으로 공기청정기를 켜 주기도 하지.

통신기기 엔지니어는 그렇게 각 사물들이 동작하도록 지시하는 통신기기를 연구, 개발하고

LTE나 4G, 5G 같은 다양한 전송방식에 맞춰서 알맞은 통신을 보낼 수 있게 하는 일을 해.

어때? 이해가 됐니?

네~!

그럼 마지막 세 번째, 환경계열은 네트워크 엔지니어인 내가 설명해 볼까?

네트워크 엔지니어가 하는 일이 환경계열에 속하는 거죠?

맞아. 환경계열은 사물인터넷의 센서들이 환경의 변화를 감지하고 정보를 소통할 수 있게 하는 모든 일을 말해.

매일 아침 8시에 일어나서 회사에 출근하는 사람의 스마트홈 시스템을 예로 들어볼까?

아침에 비가 많이 내린다면 출근길이 많이 막히겠지?

으~ 비가 많이 올 때는 학교 가기도 힘들어요.

이때 사물인터넷의 센서는 비가 오는 환경을 감지하고 연결된 기기들끼리 소통해서

모든 시스템을 평소에 예약된 시간보다 조금 일찍 앞당기도록 민민하고 직동해. 그럼 지각을 하지 않겠지?

우와… 사물인터넷이 저보다 더 똑똑한 것 같아요!

환경의 감지와 소통, 이 중에서 소통이 네트워크 엔지니어의 일이죠?

맞아. 사물인터넷을 연결하는 네트워크를 분석해서 문제가 생길 때 바로잡는 게 바로 내 일이지.

하하~ 그럼 다음으로 지금 우리가 하고있는 연구를 설명해 볼까?

네~!

우리가 지금 스마트팩토리를 연구 중이라는 건 들었지?

네. 그런데 사실 그게 뭔지는 잘 모르겠어요.

스마트팩토리라는건 말 그대로 '똑똑한 공장'을 뜻하는 거란다.

똑똑한 공장이요?

우와~ 공장까지 똑똑하다니, 사물인터넷은 알면 알수록 대단해.

그래도 그걸 만드는 건 모두 사람들이라는 걸 잊지 말라고~

스마트팩토리는 사람의 노동을 대신해서 사물인터넷을 산업에 접목시킨 대표적인 경우라고 할 수 있단다.

스마트팩토리

아빠. 저출산이 스마트팩토리와도 관련 있다고 하셨죠?

맞아. 잘 기억하고 있구나.

저출산으로 일할 수 있는 사람의 숫자가 점점 줄고 있어서 힘든 일을 기계가 대신 할 스마트팩토리의 중요성이 커지고 있지.

생산가능인구(15~65세) 인구추계
단위 : 만 명

2020	2025	2030	2035	2040	2045
3,727	3,576	3,388	3,168	2,943	2,772

사실 자동화 공장은 예전부터 꾸준히 발전해 오고 있었지만 대부분이 단순작업에 머물러 있었어.

그런데 사물인터넷이 접목되면서 획기적인 발전이 시작되었단다.

어떤 발전이요?

제품 하나를 생산하는 데 아주 복잡하고 많은 과정이 필요하다는 것 알지?

네!

그런데 생산한 제품 중에 불량품이 생긴다면 어떻게 해결할까?

생산 과정을 하나하나 검사해야 해요!

그래.

으악~ 그걸 언제 다 검사해요!

혹시 사람 대신 스마트팩토리 시스템이 검사를 해 줄 수 있는 건가요?

맞았어.

스마트팩토리 덕분에 발생하는 모든 문제의 해결이 빨라지면서 생산할 수 있는 제품의 양도 훨씬 늘어나게 됐단다.

정말 잘됐어요~

우와~ 이렇게 좋은 걸 난 왜 처음 알았지?

아니. 사실 너도 알고 있는 스마트팩토리 제품이 있어.

응? 말도 안 돼.

정말이라니까. 그것도 바로 네 눈앞에 있어.

뜸들이지 말고 그냥 빨리 말해 줘~!

히힛~!

지금 영철이가 신고있는 운동화가 스마트팩토리를 운영하는 A회사의 제품이구나.

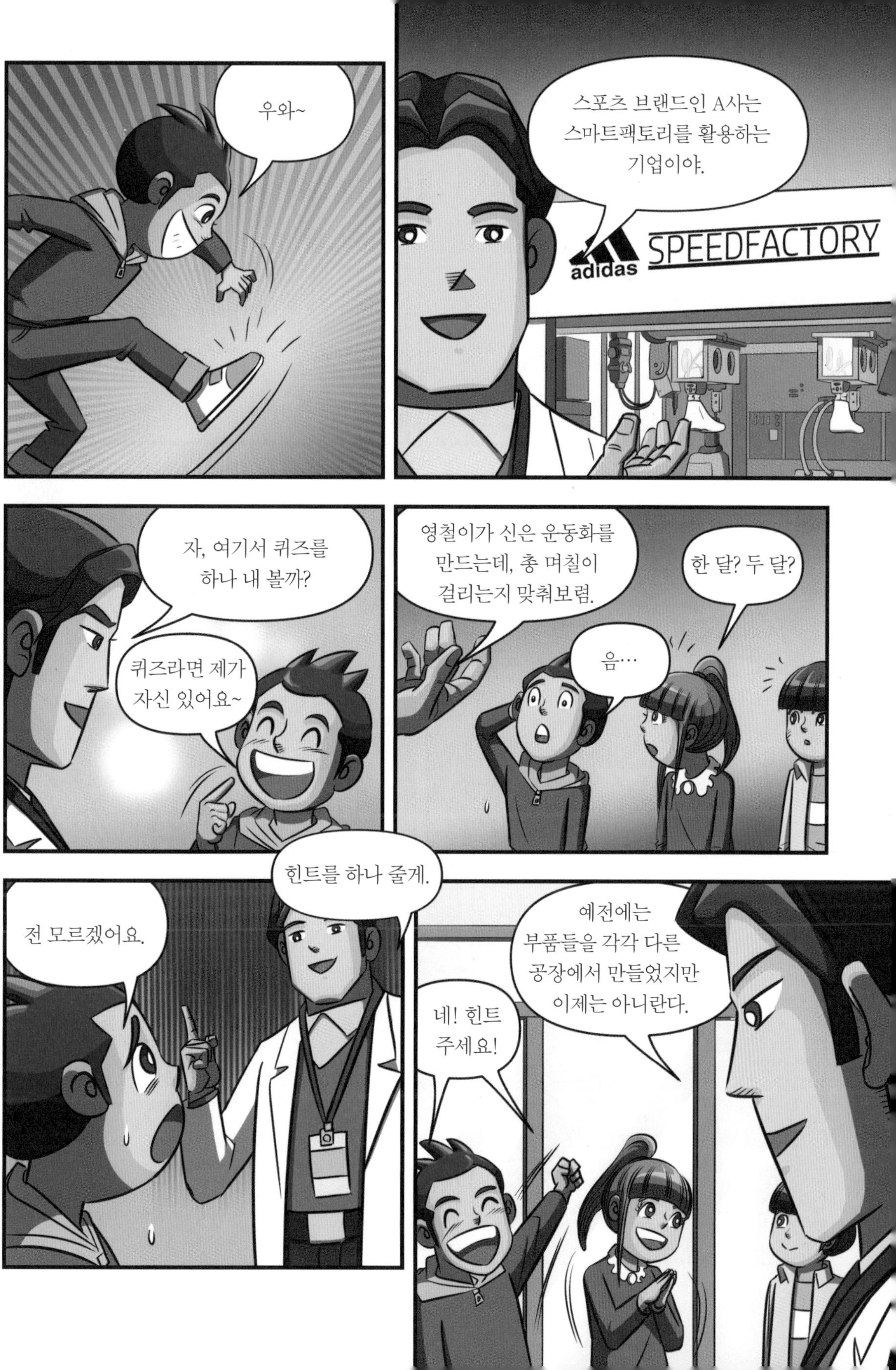
우와~
스포츠 브랜드인 A사는 스마트팩토리를 활용하는 기업이야.
adidas
SPEEDFACTORY
자, 여기서 퀴즈를 하나 내 볼까?
퀴즈라면 제가 자신 있어요~
영철이가 신은 운동화를 만드는데, 총 며칠이 걸리는지 맞춰보렴.
한 달? 두 달?
음…
전 모르겠어요.
힌트를 하나 줄게.
예전에는 부품들을 각각 다른 공장에서 만들었지만 이제는 아니란다.
네! 힌트 주세요!

그럼 부품들이 배달되는 시간도 절약되겠네요.

그렇지.

음… 그런데 이건 저도 정말 답을 모르겠어요.

준우도 모르는 게 있구나.

당연하지. 준우라고 다 알겠니?

하하~ 정답은 20일이야.

오~

그게 예전보다 얼마나 빨라진 건가요?

세 배가 빨라졌어.

우와~!

배송시간이 절약됐다고 세 배나 빨라져요?!

물론 그것뿐만은 아니지. A사의 경우, 운동화를 만드는 전 과정을 로봇이 대신하고 있어.

전 과정을 모두 다 로봇이요?

맞아. 대단하지?

스마트팩토리가 도입되기 전에는 운동화를 만들기 위해 원단을 자르고, 박음질하고, 신발끈을 만드는 등 모든 과정을 사람이 손으로 해야 했지만

이제는 3D프린터로 신발모형을 만들고 사람이 하던 모든 일들을 자동화된 로봇이 대신하고 있어.

게다가 주문한 사람의 취향에 따라 같은 제품이라도 디자인과 색을 자동으로 맞춰주기까지 해서 고객의 만족도가 더욱 높아지고 있지.

와~ 그런 운동화라면 저도 신어 보고 싶어요!

아빠. 저번에 스마트팩토리가 국내 산업을 보호할 수도 있다고 하셨죠?

맞아. 그것도 스마트팩토리가 중요한 이유 중 하나지.

높은 인건비로 인해 해외로 빠져나가는 공장들을 자동화해서 자기 나라에 지을 수 있기 때문에 국내 산업을 보호할 수 있는 거란다.

어때? 스마트팩토리 정말 대단하지?

네~!

국일 사물인터넷

자, 그럼 이제 궁금증이 다 해결되었니?

아뇨! 아직 하나가 남았어요!

응?

사실… 아까부터 이게 제일 궁금했는데요.

스마트팩토리의 성공적인 구축

4차 산업혁명을 대표하는 스마트팩토리(Smart Factory)를 성공적으로 구축한 기업들이 많아지고 있습니다. 스마트팩토리를 통해 공정 불량의 원인을 찾아내고 실시간으로 공장의 정보가 공유되면서, 생산성은 늘고 불량률은 감소하는 등 기업의 이익과 효율성이 높아졌습니다. 대표적으로 독일의 엔지니어링 회사인 지멘스(Siemens)는 스마트팩토리를 성공적으로 도입한 기업입니다.

크기가 되게 작아요.

그러게~

그런데 이 작은 아두이노로 엄청나게 큰 스마트팩토리를 만들 수 있어요?

물론이지~ 이 작은 아두이노가 사물인터넷의 기본이거든.

요즘은 너희 같은 초등학생들도 아두이노를 이용해서 간단한 사물인터넷을 만들 수 있단다.

네? 정말요?!

사실은 나도 하나 만들고 있어~

정말?

그렇다니까~! 생각만큼 어렵지도 않아.

그게 뭔데? 궁금해. 나도 보여 줘!

헤헤~

그런데 자꾸 네트워크에
말썽이 생겨서 먹통이 되는
바람에 아직 보여줄 수 있는
단계가 아냐.

힘내~

고마워.

이럴 수가!!

네트워크 액세스에
코딩 실수를
하다니…

죄송합니다.

하하~ 괜찮아. 실수를
일찍할수록 바로 잡는 것도
일찍할 수 있으니까.

빨리 바로
잡겠습니다!

사물인터넷의 특징

사물인터넷 서비스는 매우 다양해요. 집 안의 기기들을 연결하여 편의를 제공하는 스마트홈, 건물 내 시설물을 효율적으로 관리를 하는 스마트빌딩, 교통 체증과 대기오염 등의 도시문제를 해결하는 스마트시티 등 사물인터넷 서비스는 다양한 모습으로 제공되고 있어요. 이러한 사물인터넷이 가지는 특징은 어떤 것이 있는지 알아볼까요?

● 지능

사물인터넷의 사물들은 스스로 자료를 수집하고 분석하여 주어진 명령을 실행할 수 있는 지능을 가져요. 비가 오거나 눈이 와서 날씨가 좋지 않으면 알람을 30분 빨리 울려 일찍 일어날 수 있게끔 하는 등 사람이 일일이 명령을 내리지 않아도, 사물들은 스스로의 지능으로 판단하고 작동하기도 해요.

● 네트워크

개별적으로 가지고 있는 기능을 제공하는 사물이 아니라, 다른 사물 혹은 사람과 연결되어 새로운 기능을 제공하는 특성이 있어요. 즉 사물과 사물, 사물과 사람이 정보를 주고받을 수 있는 네트워크로 연결되어 있어요.

● 새로운 서비스

네트워크로 연결된 사물들이 단순히 정보를 전달하는 데 그치지 않고, 나아가 새로운 서비스를 제공해요. 심장박동수가 기준 이상으로 올라가면 경고음을 울리거나, 포크가 음식물 씹는 속도를 감지하여 너무 급하게 식사하면 진동을 울리며 경고를 하는 등 기존의 기능에서 한 발 더 나아가 새로운 서비스를 제공하는 것이에요.

● 상호작용

사물들에 센서를 부착해 인터넷을 통해 실시간으로 데이터를 주고받아요. 이런 과정에서 사물들 간 상호작용이 일어나요. 특히 사물인터넷의 사물들은 사람의 도움 없이 스스로 정보를 주고받기에 자율적인 소통이 가능해요.

● 물리적 통신 장치

사람이 대화를 나누려면 각자의 연락처로 연락을 하듯, 사물도 소통하려면 상대 기기의 아이디나 IP주소를 알아야 해요. 이런 아이디나 IP주소는 통신 장치를 통해 제공돼요. 그래서 사물끼리 정보를 주고받으려면 물리적인 통신 장치를 사물에 부착해야 해요.

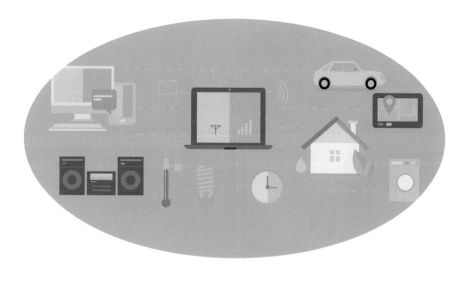

준우 아빠는 해결사

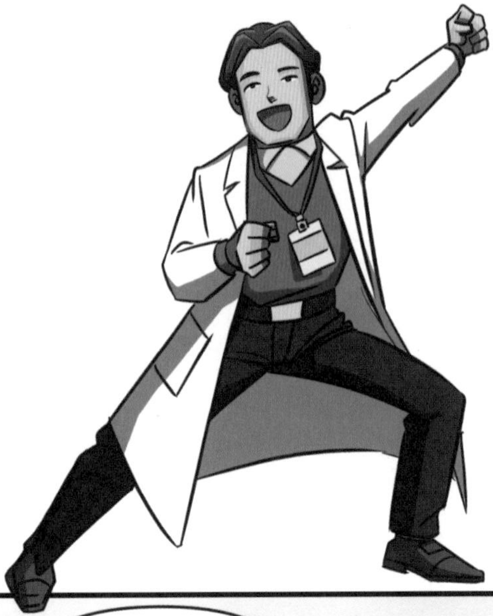

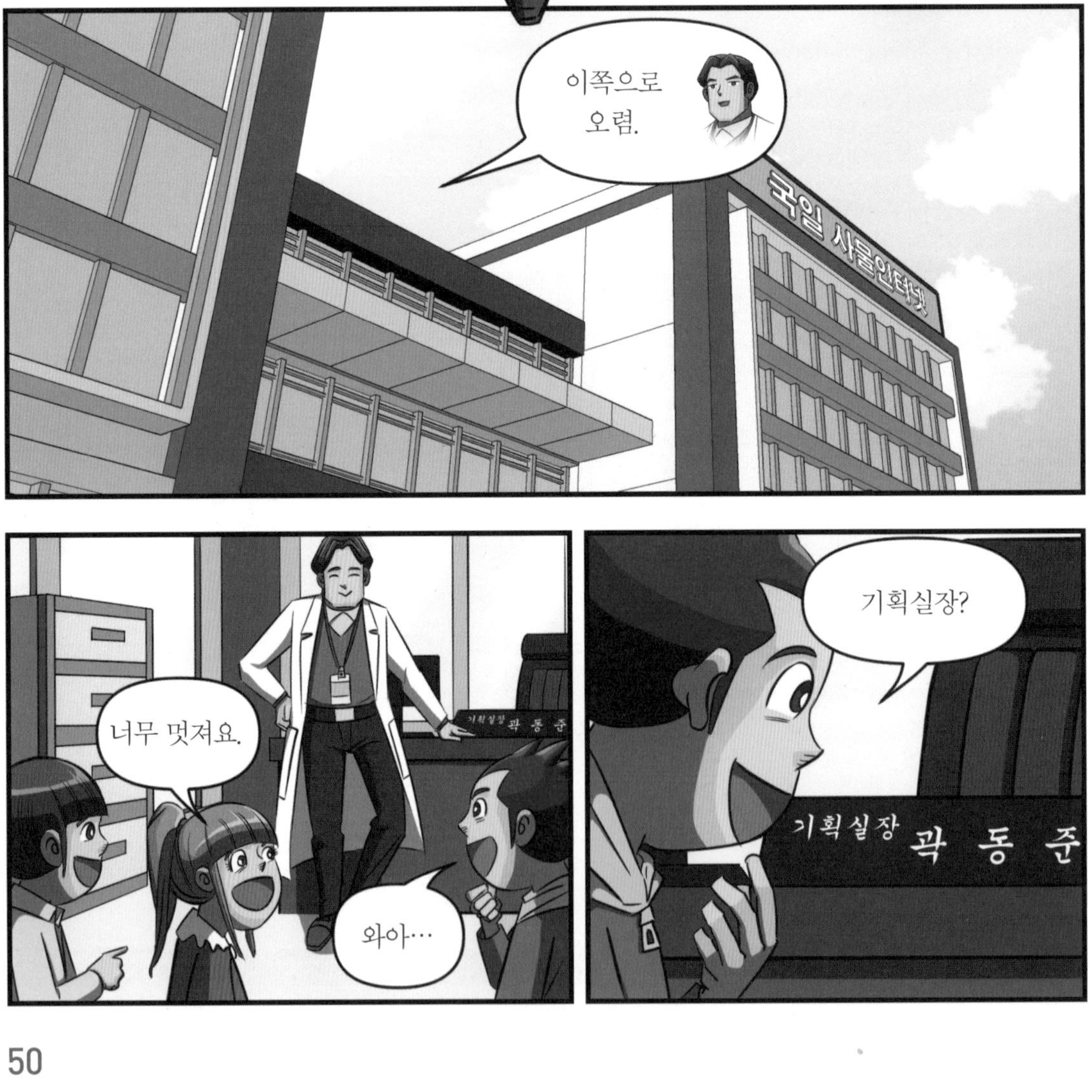
이쪽으로
오렴.
국일 사물인터넷
너무 멋져요.
기획실장 곽 동 준
와아…
기획실장?
기획실장 곽 동 준

사물인터넷을 기획하는 일은 어떤 건가요?

음… 어떻게 설명해 주는 게 좋을까?

호호~ 잘 생각해 봐요.

아! 우리 아빠도 전략기획실에서 일한다고 하셨는데!

음?

기획… 이면 그거랑 비슷한 거 맞죠…?

소영이는 아빠가 전략기획실에서 어떤 일을 하는지 알고 있니?

아뇨. 잘 몰라요.

으이구~ 그렇게 평소에 궁금한 건 그때그때 여쭤보라구.

맞아. 선생님도 궁금한 건 참지 말라고 하셨어.

그래서 나는 매일 엄마한테 오늘 저녁 메뉴가 뭔지 궁금할 때마다 여쭤본다고~

그, 그래… 아주 훌륭하다…

너희들 정말…! 영철이 너까지 이러기야?

하하~

'기획'이라는 이름이 들어간 부서들은 주로 회사의 사업을 총괄해서 구상하는 일을 해.

총괄, 구상이요?

쉽게 말해서 회사가 나아갈 방향을 결정하는 부서라고 할까?

오~

52

사물인터넷의 기획자가 하는 일도 비슷해.
일반 회사에서도 각 부서의 일을 모두 총괄해서
파악하고 전체적인 사업 방향을 결정하는
기획부서가 있는 것처럼 사물인터넷의
모든 개발 과정을
총괄하는 것이
내가 하는 일이야.

디자인실
연구개발실 ↔ 기획실 ↔ 제품연구실
총무실 제작실

아까 만났던 엔지니어
형들이나 엄마 같은
개발자들이 하는 모든 일의
방향을 결정하는
일인 거죠?

맞아.

와~

일반 회사에서도 각 팀과
부서마다 맡은 일들이 있지만
그런 모든 업무를 파악하고
회사가 앞으로 어떤 사업을 더
해야 할지 구상하고 결정하는
기획실이 있는 것처럼,

사물인터넷에서도
어떤 제품을 개발하느냐를
구상한 후에 결정하고
그에 맞는 기술을 개발자와
엔지니어들에게 분배하고
전 과정을 총괄하는
기획이 필요한 거지.

우와~ 그럼 기획이 짱인 거네요! 제일 중요한 대장 같은 거잖아요!

대… 대장…?

으이구~ 모두 맡은 일이 다른 거지 제일 중요한 게 어디 있어?

호호~ 소영이가 아주 잘 알고 있구나. 너희들도 학교에서 발표할 팀을 만들고

각자가 맡은 부분을 공부하고 발표 준비를 해야 하지? 회사도 마찬가지란다.

준우가 선생님께 사물인터넷 관련 조사를 추천했어요. 어떤 것을 할지 생각하는 게 기획인 거죠?

맞았어.

잘난 척은 맘에 안 들지만, 준우 기획력은 인정.

하하~ 기획이란 그렇게 전체적인 개발 방향을 결정하는 일이란다.

사물인터넷의 기획개발은
엔지니어와 개발자의
업무를 모두 파악할 수 있는 능력이
있어야 해서 각 기술의 전반적인
지식과 경험이 필요해.

그래야 현재 가능한 기술을
바탕으로 어떤 제품을 개발할지
결정하고 보다 나은 제품 개발을
위해서 필요한 연구를
엔지니어와 개발자에게
제시할 수 있겠지?

사물인터넷 기획자가
되려면 어떻게 해야
하는 거예요?

정보통신기술(ICT)과
관련된 전반적인 분야의
공부를 해야해.

으아~
정보통신기술이라고 하니까
되게 어려울 것 같아요.

근데
어떤 분야가
있는 거예요?

통신공학부터 시작해서 컴퓨터공학, 소프트웨어학, 전자공학, 제어계측공학 같은 분야들이 있어.

와아…

그럼 그 많은 걸 모두 공부하신 거예요?

하하, 공부하느라 힘들었지만, 사물인터넷 기획자가 되는 게 내 꿈이었거든.

소프트웨어 프로그램 같은 경우는 설계와 판독, 프로그래밍 언어, 운영체제, 네트워크, 데이터 구조 등과 관련한 교과를 이수하는 것이 큰 도움이 됐지.

그걸 전부 공부하다가는 머리가 다 빠지겠어요.

하하, 걱정하지 마라. 내 머리카락은 멀쩡하잖니?

하 하 하~

그런데 아빠, 제품을 기획할 때 어떤 부분을 중점적으로 생각해야 해요?

맞아요. 저도 그게 궁금해요.

여러 가지 점들을 고려하지.

그중에서도 '어떤 사회 문제를 해결해 주는가?' '누구에게 무엇이 필요한가?'라는 점을 깊이 헤아려본단다.

가령 '치매 노인이 집을 나가면 위험한데 그걸 방지할 수 있는 방법이 없을까?' 하는 문제의 해결방법을 찾는 데서 시작하는 거지.

집을 나가 길을 잃는 사고 방지

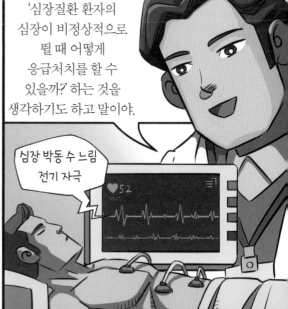

'심장질환 환자의 심장이 비정상적으로 뛸 때 어떻게 응급처치를 할 수 있을까?' 하는 것을 생각하기도 하고 말이야.

심장 박동 수 느림 전기 자극

52

와~ 어떤 '사회 문제'를 '누구'를 위해 해결하느냐가 바로 그 정답이네요~!

그런데 이렇게 기획을 한다고 해서 다 개발이 되는 건 아니야.

네에?

아무리 좋은 기획도 개발이 되지 않을 수 있다는 얘기예요, 아빠?

그렇단다. 기획이 개발되고, 개발이 상품화 되어 보급되는 과정은 아주 복잡하고 그만큼 시간이 많이 드는 거란다.

기획한 사물인터넷 제품이 현재 기술로 개발될 수 있는지, 상품화되면 잘 팔릴지 검토하고 고객에게 제품을 적극적으로 알리기도 해야 하지.

스마트냉장고는 안에 어떤 식재료가 있는지 알려준답니다.

우유 1개, 계란 3개가 남아있습니다. B마트에서 주문할까요?

너희가 기획자라면 어떤 제품을 개발하고 싶어?

저는 내일 아침 메뉴를 자동으로 요리해주는 제품이요!

응?

흐~ 매일 밤 자기 전에 내일 아침 식사를 상상하면 자동으로 요리가 완성되어 있는 거죠.

그리고 그 제품에 '먹짱 영철이의 모닝쿡' 이라고 이름을 붙이고 싶어요.

하하, 벌써 이름까지 생각했어?

하하~ 영철이의 기획이 제품화되려면 상상하는 음식을 인식하는 스마트센서부터 필요하겠구나.

스마트센서

인텔리전트센서(Intelligent Sensor)라고도 불리는 스마트센서(Smart Sensor)는 자체적인 처리기능을 가진 똑똑한 센서를 말합니다. 사물에 부착된 스마트센서는 환경의 변화를 감지, 디지털화한 신호로 변환해서 네트워크로 전송하는 기능을 수행합니다.

아직 그런 기술은 어려운데 영철이를 위해서 개발자들과 엔지니어들이 더 열심히 연구해야겠는걸.

네에~

기획이란 게 생각보다 어려운 것 같아요.

아니야. 아이디어는 풍부할수록 좋지. 기획자에게는 영철이 같은 상상력도 아주 중요하단다.

애플리케이션 개발자

줄여서 앱(APP)이라고도 부르는 애플리케이션(Application)은 편리한 기능을 수행하는 프로그램을 말합니다. 우리가 흔히 쓰는 스마트폰의 게임이나 날씨 정보, 동영상 프로그램 등이 바로 애플리케이션입니다. 애플리케이션 개발자는 사람들이 필요로 하는 여러 가지 프로그램들을 개발하는 일을 합니다. 스마트 기기와 사물인터넷의 발달에 따라 미래에 가장 유망한 직종 중 하나로 떠오르고 있습니다.

그래도 우리 생활에 참 많은 것이 사물인터넷에 벌써 활용된 것 같아서 놀라워요.

맞아. 에어컨 실내온도 조절 기능이라던가, TV 시청이력 등으로 인공지능이 추천하는 경우도 모두 사물인터넷이 연결되어 있어서 가능해진 경우란다.

앞으로 나오는 가전제품은 리모컨이 필요 없게 될 거야.

또 현재 음성으로 인식하는 것이 앞으로는 제스처로 인식하게 될 거야.

우와~ 제스처로요?

무선 제스처 인식

손짓이나 손동작을 감지하는 기술이 제스처 인식입니다. 리모컨 없이 손가락을 까딱하거나 허공에 손짓하는 것으로 기기를 조작할 수 있게 됩니다.

네~ 들어오세요.

뚝뚝!

실장님, 추가 주문
부탁드립니다.

이대로 하면
될 것 같군요.

추가 주문을 하는데 버튼 하나만 누르면 끝이에요?

이 버튼을 스마트버튼이라고 한단다.

스마트버튼이요?

버튼을 누르기만 하면 주문부터 결제, 배송까지 한 번에 자동으로 되는 거지.

우와~ 그게 어떻게 가능한 거예요?

스마트버튼도 사물인터넷 기술을 통해 실현된단다.

반복적으로 같은 물건을 구매하는 경우 매번 같은 과정을 반복할 필요 없이

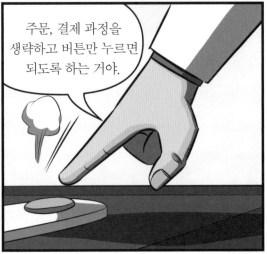

주문, 결제 과정을 생략하고 버튼만 누르면 되도록 하는 거야.

정말 편리하네요.

스마트버튼

버튼을 누르기만 하면 조명 켜고 끄기, 스피커 켜기, 커피 머신 작동하기 등 사물들을 작동시키는 버튼입니다. 주문부터 결제, 배송까지 한 번에 자동으로 되는 기능을 지닌 버튼도 있어 같은 물건을 반복적으로 주문할 때 사용합니다.

그렇지?
아줌마도 즐겨
사용한단다.

엄마, 세탁기 옆에 있는
세제 주문 버튼도
스마트버튼이죠?

맞아.

그 버튼을
누르는 게 나야.

내가 즐겨 사용한다고
할 수 있지.

으이구~
또 잘난 척!

배송지는 미리 입력해 놨다고 하더라도 결제는 어떻게 해요?

그게 사물인터넷과 핀테크가 결합한 덕분이야.

핀테크요?

너희 간편결제서비스인 국일페이 사용하지?

네! 그럼요!

그런 간편결제가 가능한 것은 핀테크 덕분이란다.

핀테크가
뭐예요?

핀테크는 금융과 기술의
합성어야. 말 그대로 금융이
첨단 기술과
합쳐진 거지.

핀테크가 IoT에 결합한 후로 결제가
모바일로 이루어지게 되면서
현금이나 카드가 없어도 스마트폰
하나만 있으면 오프라인 상점과
자동현금지급기(ATM)등을 모두
이용할 수 있게 되었지.

미국의 한 보험회사의 경우,
거기서 더 나아가 사물인터넷에
연결된 올인원 센서
(All in one sensor)를
고객들의 집에 설치해서
누수, 화재, 도난 같은
위험을 자동으로 방지할 수
있는 상품을 개발했어.

금융회사의 상품이
스마트홈 시스템 발전에도
실질적인 도움을 주게 되었으니
상부상조라고 할까?

와~ 정말 대단해요.

핀테크

금융(finance)과 정보기술(Information Technology)의 합성어인 핀테크(Fin Tech)
로, 혁신적으로 변화된 금융서비스 및 산업을 의미합니다. 사용자에게 기존 금융
서비스에 비해 쉽고 저렴한 서비스를 제공하고, 빅데이터를 활용하여 개인별 맞
춤 서비스를 제공한다는 장점이 있습니다.

영철아, 너 무슨 생각을 그렇게 하고 있어?

식재료 버튼 누르고 있는 상상하고 있겠지.

헤헤. 들켰다!

그건 버튼을 누르지 않아도 될 거 같은데?

네? 어떻게요?

스마트냉장고는 냉장고 안에 보관 중인 식재료가 상하지 않도록 적정 온도를 유지해 주고

냉장고 속에 부족한 식재료가 있으면 자동으로 주문해 주기도 한단다.

생수	부족	주문
계란	10개	
감자		주문
사과	8개	
우유	부족	주문

우와, 자동으로 주문까지요? 정말 스마트하네요!

그러면 식재료 낭비도 없고 절약될 거 같아요.

맞아. 우리 엄마도 예전에는 장을 볼 때 필요 없는 것도 충동적으로 사곤 하셨는데 지금은 냉장고에 뭐가 있고 없는지 알 수 있으니까 쓸데없는 지출이 확 줄어서 좋으시대.

유통기한이 지나기 전에 미리 알려 주니까 음식을 버리는 일도 없고, 확실히 지출이 줄어들었지!

덕분에 제 용돈도 올랐고요.

오, 나도 우리 엄마한테 스마트냉장고로 바꾸자고 해볼까나?

준우처럼 용돈 올려달라고 하려고?

알뜰한 소비도 하고 그 덕에 용돈도 올리면 일석이조잖아!

하하하!

으이구…!

왜 모든 사람이 이렇게 좋은 기능을 갖춘 스마트냉장고를 사지 않을까요?

사람들이 잘 몰라서 그런 게 아닐까?

아직은 많은 사람이 사용하기엔 가격이 비싸고, 기능이 제한되어 있어서 그래. 소비자들의 관심을 끌려면 화려한 터치스크린 같은 외형보다 좀더 실속있는 점들을 보완하고 가격도 낮추는 것이 필요하지.

이런 제품들을 많은 사람이 사용할 수 있도록 하는 것도 기획을 잘 해야 하는 거죠?

그렇지.

나 결심했어! 학교에서 사물인터넷 기획자에 대해 발표 할래!

오~ 이거 영광인데?

너무 믿지 마세요. 영철이 생각은 언제든지 바뀔 수 있다구요~

'먹짱 영철이의 모닝쿡'을 빨리 만들 수 있으려면 어떻게 해야 하는지 연구해 보렴.

푸하하!

꼬르륵~

자, 그럼 밥 먹으러 가볼까? 우리 구내 식당 정말 맛있단다.

네!

출발!

사물인터넷의 장점과 단점

4차 산업혁명 시대가 도래하면서 사물인터넷 기술은 우리 일상에서 떼어놓을 수 없게 되었어요. 사람이 데이터에 접근하는 것이 아니라 사물이 데이터에 접근하여 다른 기기들과 소통하는 사물인터넷은 어떤 장단점을 가지고 있을까요?

● 장점

① 새로운 사업 모델과 서비스를 창출하는 방대한 기회를 제공해요. 이런 점은 많은 기업이 효율적으로 운영될 수 있도록 돕고 있어요. 미국의 월트디즈니 놀이공원은 미키마우스 인형의 눈, 코, 팔 등 곳곳에 적외선 센서와 스피커를 탑재해 놀이공원 내 데이터를 실시간으로 수집하고 분석하여 방문객에게 어떤 놀이기구 줄이 가장 짧은지, 현위치, 날씨는 어떠한지 등의 정보를 제공하여 고객 만족도를 높이고 있어요.

② 원격으로 기기 조정이 가능해요. 스마트폰 하나만으로 외부에서도 에어컨이나 보일러를 켜는 등 집 안의 기기를 작동할 수 있고, 아이 옷에 센서를 붙여 미아방지 시스템을 구축할 수도 있어요. 또 집을 나서면서 문을 잠그면, 집 안의 모든 전자기기가 스스로 꺼지고 가스도 안전하게 차단되는 등 기기들이 스스로 작동하기도 해요.

③ 위험한 상황에서 스스로 대처하고 메시지를 전송하기도 해요. 자동차 회사인 포드는 신형차인 이보스에 사물인터넷을 적용했어요. 이보스는 사고로 에어백이 터지면 센서가 중앙관제센터로 신호를 보내고, 그동안 있었던 수천만 건의 에어백 사고 유형을 분석해 해결책을 전송해줘요. 또 차량은 어느 정도 파손됐는지 등 데이터를 분석하여 근처 고객 센터와 병원에 즉시 사고 수습 차량과 구급차를 요청하고 보험사에도 자동으로 메시지를 전송해줘요.

● 단점

① 사생활 침해가 일어날 수 있어요. 사물인터넷은 모든 사물에 개인의 정보를 담기 때문에 활동 정보 하나하나가 인터넷에 기록돼요. 현위치, 금융 정보, 건강 상태, 소비 생활 등 개인만이 알고 있어야 할 정보가 누구나 볼 수 있는 인터넷에 세세히 기록되는 것이에요. 보안이 확실히 이뤄지지 않는다면 정보가 유출되어 사생활 침해 문제가 발생해요.

② 해킹이 일어나면 문제가 심각해져요. 사물인터넷은 기기 간 연결되어 있기 때문에 한 기기만 해킹되어도 상황이 심각해질 수 있어요. 해커가 중요한 정보를 빼가는 것은 물론 집 안의 물건이나 자동차 등을 마음대로 조종하여 큰 사고로 이어질 수 있어요. 그래서 사물인터넷에서 보안은 아주 중요해요.

③ 제도와 규정이 필요해요. 사물인터넷은 저장된 정보를 수많은 기기가 공유하도록 해요. 그래서 정보를 어디까지 공유해도 되는지 규정을 만들 필요가 있어요. 기기들이 생성하는 다량의 정보를 적절한 절차를 거쳐 공유될 수 있도록 말이에요. 또 사물인터넷은 새롭게 개발된 기술이기 때문에 이와 관련한 여러 가지 제도나 법안을 만들어야 해요.

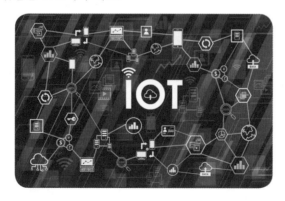

해킹을 막아라!

자, 여기가 식당이 있는 1층이란다.

벌써 맛있는 냄새가 나는 것 같아요~!

킁킁~ 이 냄새는… 고소한 튀김과 새콤달콤한 소스의 완벽한 조화!

알았다! 오늘의 메뉴는 바로… 돈가스야!

어휴~ 영철이 네 코에는 센서라도 달렸니? 그걸 어떻게 알아?

사물인터넷이 집 밖에서도 감지하는 것처럼 식당에 들어서기도 전에 메뉴를 아는 거야?

여기가 우리 직원식당이란다. 오늘 메뉴가 진짜 돈가스인지 확인해 볼까?

확실하다니까요~!

가만있자… 내가 카드키를 어쨌더라?

설마 카드키를 놓고 오신 건 아니죠?

하하~ 그럴리가… 그런데… 어디 갔지? 진짜 놓고 왔나?

당신 목에 걸려있는 건 뭐예요?

이런, 목에 걸고 있는 걸 깜빡했구나.

이거, 하마터면 영철이한테 미안할 뻔했는걸?

아니에요. 사실 아저씨가 목에 걸고 계신 게 카드키라고 생각했거든요.

역시, 영철이는 먹는 거라면 빈틈이 없구나.

제가 좀 그런 편이죠~

너희 아빠, 의외로 허둥거리기도 하시는구나.

우리 아빠가 좀 그런 면이 있으시지. 천재들의 특징이랄까?

자, 그럼 진짜 들어가 볼까?

네~!

응?

드르륵

어라? 키를 대지도 않았는데 문이 열리네?

자동문이라서 그런가?

어머, 문이 고장 났나?

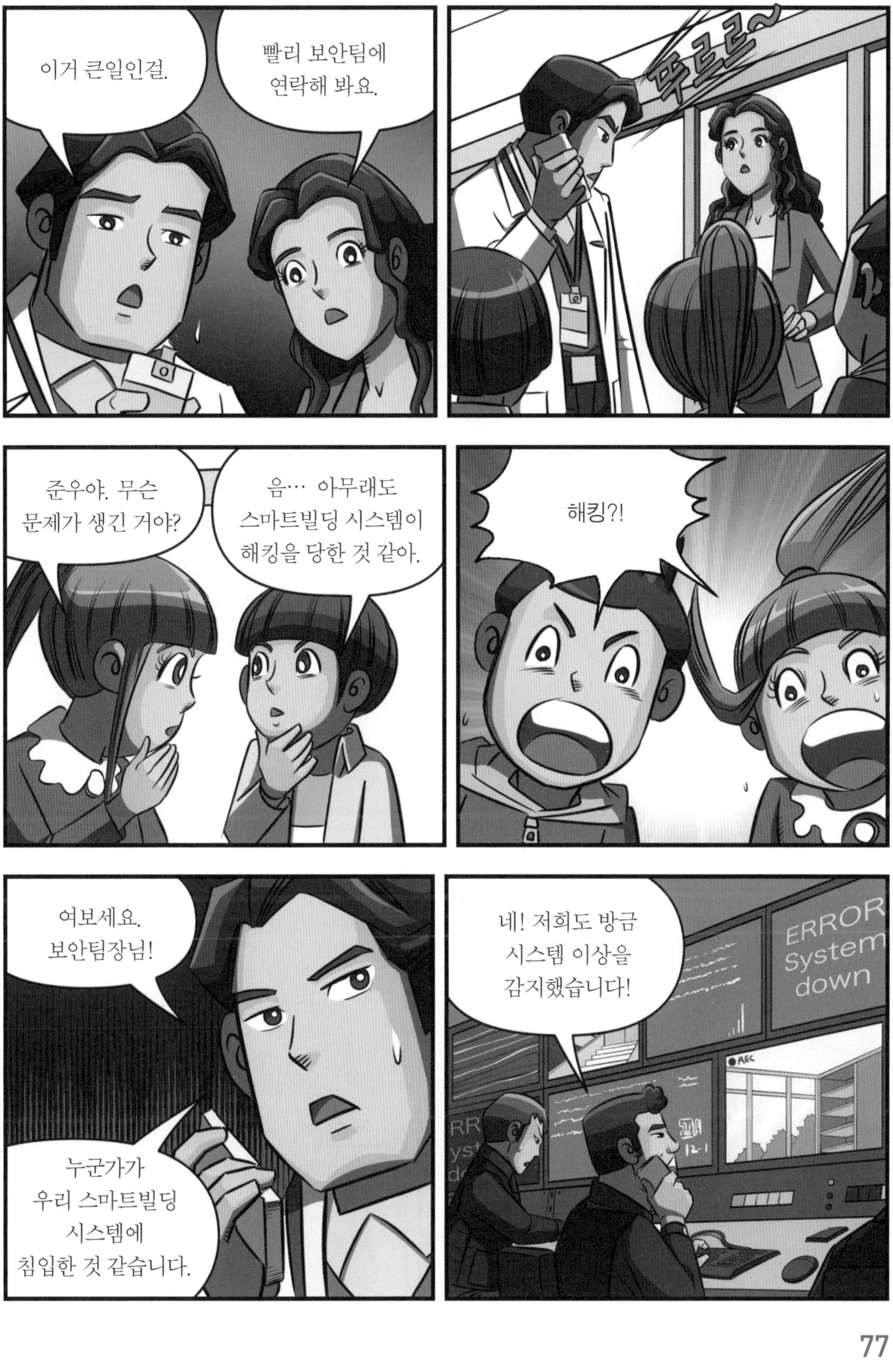
이거 큰일인걸.
빨리 보안팀에 연락해 봐요.
뚜르르~
준우야. 무슨 문제가 생긴 거야?
음… 아무래도 스마트빌딩 시스템이 해킹을 당한 것 같아.
해킹?!
여보세요. 보안팀장님!
누군가가 우리 스마트빌딩 시스템에 침입한 것 같습니다.
네! 저희도 방금 시스템 이상을 감지했습니다!
ERROR System down
REC

네. 그럼 지금 바로 올라가겠습니다.

미안하구나. 급한 일이 생겨서 나는 올라가 봐야겠다. 밥은 엄마랑 먼저 먹고 있으렴.

아빠, 저도 같이 가면 안 돼요?

미안하다~

나도 가고 싶은데…

엄청나게 큰 문제가 생긴 것 같은데 괜찮을까요?

우리 회사 정보보안팀의 실력은 최고니까 곧 문제를 해결할 수 있을 거야.

정보보안이요? 그게 뭐예요?

음~ 소영이랑 영철이는 처음 듣는 용어겠구나.

사물인터넷 기술을 활용하기 전에 먼저 보안이 잘 되고 있는지 인증을 받아야 해. 기관이 인증을 신청하면 보안 인증을 해주는 정보보호 및 개인정보보호(ISMS-P) 관리체계 인증심사원이 있어.

응?

그럼 밥 먹으면서 ISMS-P 인증심사원이 어떤 일을 하는지 자세히 알아볼까?

네~ 좋아요!

우와~!

로, 로봇이 음식을 자동으로 배달해 주고 있어…

이런 거 처음 봐. 너무 신기하다~!

우리 회사가 스마트빌딩이란 걸 잊었구나.

이게 바로 무인 서빙 시스템이란 거야.

음식 주문하고 올 테니까 너희들은 자리에서 기다리렴.

네-!

돈가스 먹을 생각하니까 벌써 침이 고이네~!

어휴, 이 먹보.

음식이 금방 배달될 거니까 잠깐만 기다리렴.

네~!

우와~, 저기 로봇이 오고 있어!

그럼 오늘 메뉴가 진짜 돈가스인지 확인해 볼까?

영철이 예상이 맞았네.

뭐야… 진짜 돈가스잖아?

와… 정말 영철이는 음식에 대해서는 사물인터넷만큼이나 대단하다. 인정!

잘 먹겠습니다~!

그런데 아까 말씀하신 ISMS-P 인증심사원은 무슨 일을 하는 사람이에요?

ISMS-P 인증심사원은 사물인터넷의 보안상 취약점이 있는지 검사하고 문제가 없다면 보안을 인증해 줘.

우리가 일상에서 사용하는 스마트홈 시스템의 가전들은 물론이고 스마트장난감이나

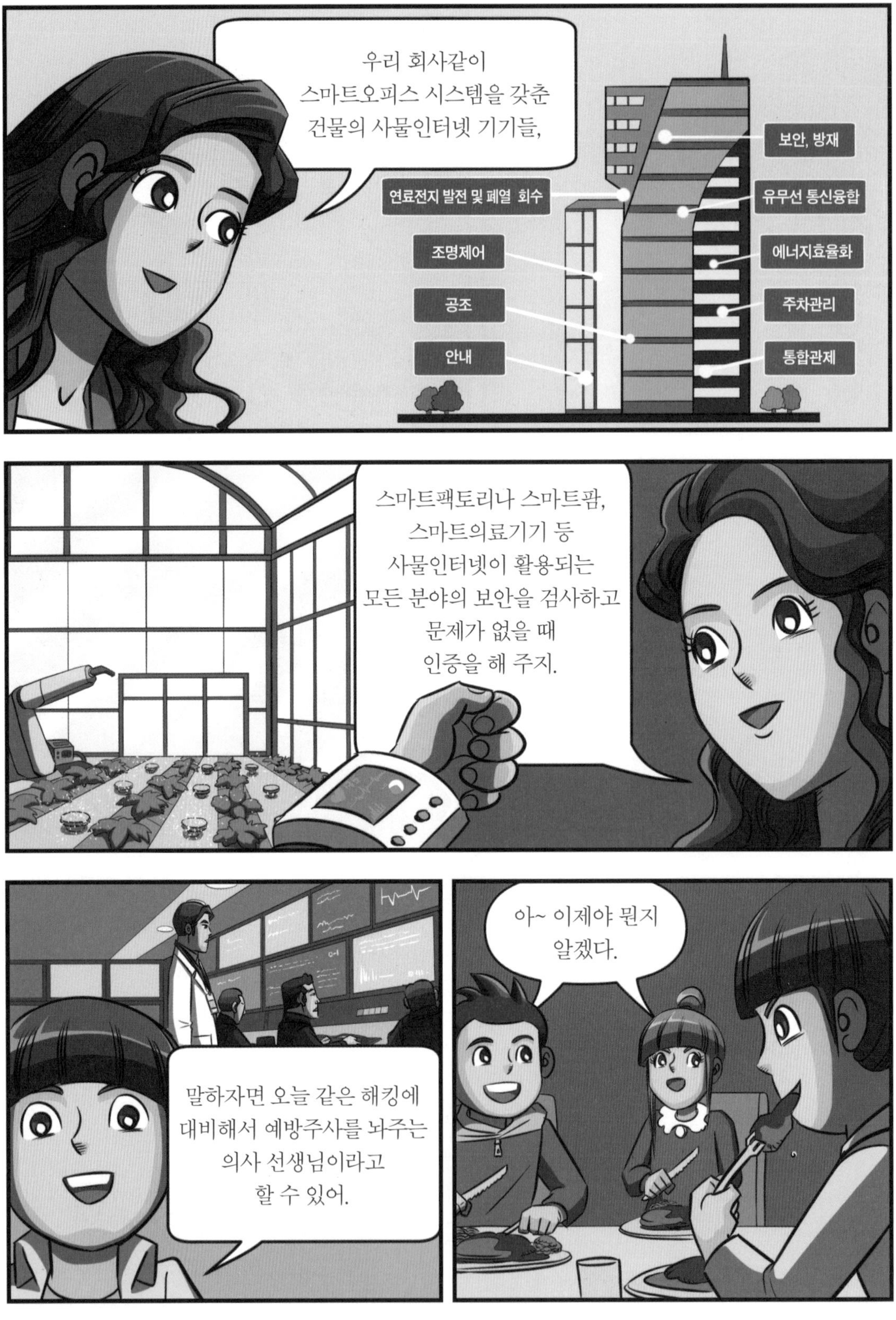

우리 회사같이 스마트오피스 시스템을 갖춘 건물의 사물인터넷 기기들,
보안, 방재
연료전지 발전 및 폐열 회수
유무선 통신융합
조명제어
에너지효율화
공조
주차관리
안내
통합관제
스마트팩토리나 스마트팜, 스마트의료기기 등 사물인터넷이 활용되는 모든 분야의 보안을 검사하고 문제가 없을 때 인증을 해 주지.
말하자면 오늘 같은 해킹에 대비해서 예방주사를 놔주는 의사 선생님이라고 할 수 있어.
아~ 이제야 뭔지 알겠다.

정보보호 및 개인정보보호 관리체계(ISMS-P) 인증심사원이 되려면?

국가에서 시행하는 자격시험을 통과해야 ISMS-P 인증심사원이 될 수 있습니다. 이 시험을 치기 위해서는 4년제 대학을 졸업하고 정보보호와 개인정보보호와 관련된 일을 각각 1년 이상, 그리고 개인정보보호 또는 정보 기술에 관련된 일을 6년 이상 해야만 합니다. 사물인터넷의 보안이 중요한 만큼 그 자격도 아무에게나 주지 않는 것이지요.

문이 닫혔습니다.

조금 전에 봤던 것처럼 기본적인 시스템을 교란하기도 하고

중요한 정보들을 훔쳐 가기도 하지.

지, 진짜 도둑이잖아…!

어머, 너무 무서워요. 지금도 범인이 정보를 훔쳐 가고 있으면 어떡해요?

범인들이 시스템 교란에는 성공했을지 몰라도 우리 정보보안망을 뚫는 건 불가능에 가깝단다.

휴~ 다행이다.

그런데 문제는 이게 다가 아니라는 거야.

뭐?! 또 무슨 문제가 있는데?

사물인터넷 해킹의 경우, 산업 해킹도 문제지만 개인정보 도난이 자주 일어나고 있어.

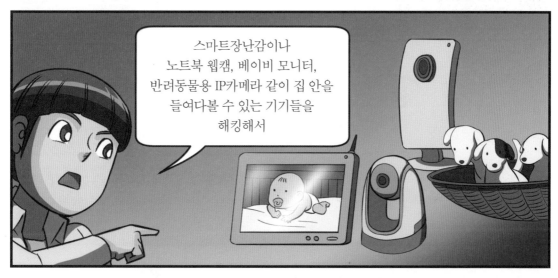

스마트장난감이나 노트북 웹캠, 베이비 모니터, 반려동물용 IP카메라 같이 집 안을 들여다볼 수 있는 기기들을 해킹해서

몰래카메라로 이용하는 사례가 빈번해.

뭐야! 진짜 나쁜 놈들이잖아!?

으아, 너무 무섭다…

으, 열 받아! 이런 일을 막을 방법은 없나요?

물론 있지.

사물인터넷에 연결된 기기들의 비밀번호를 바꿔서 설정하는 게 중요해. 해커들은 대부분 비밀번호가 기본으로 설정된 기기들을 노리거든.

패스워드 : 0000

패스워드 : 10#89!7

이런 간단한 보안을 지키는 것만으로도 큰 피해를 막을 수 있단다.

휴~! 다행이다.

아직까지 안심하긴 일러. 진짜 심각한 문제는 따로 있거든.

헉! 이것보다 더 무서운 일이 있단 말이야?

응. 가장 심각한 문제는 사물인터넷이 사용되는 국가기관에 해커가 침입했을 때야.

그러면 무슨 일이 벌어지는데…?

으으… 난 왠지 안 듣는 게 나을 것 같은 예감이 들어.

너희들, 원자력 발전소가 정말 중요한 시설물이라는 걸 알지?

그럼!

그건 나도 알아.

만약… 사물인터넷으로 스마트시스템이 갖춰진 원자력 발전소에 해커가 침입한다면 어떤 일이 벌어질까?

예전에 있었던 큰 원전 사고들은 사람의 실수나 자연재해 때문에 발생한 거였지만

체르노빌

후쿠시마

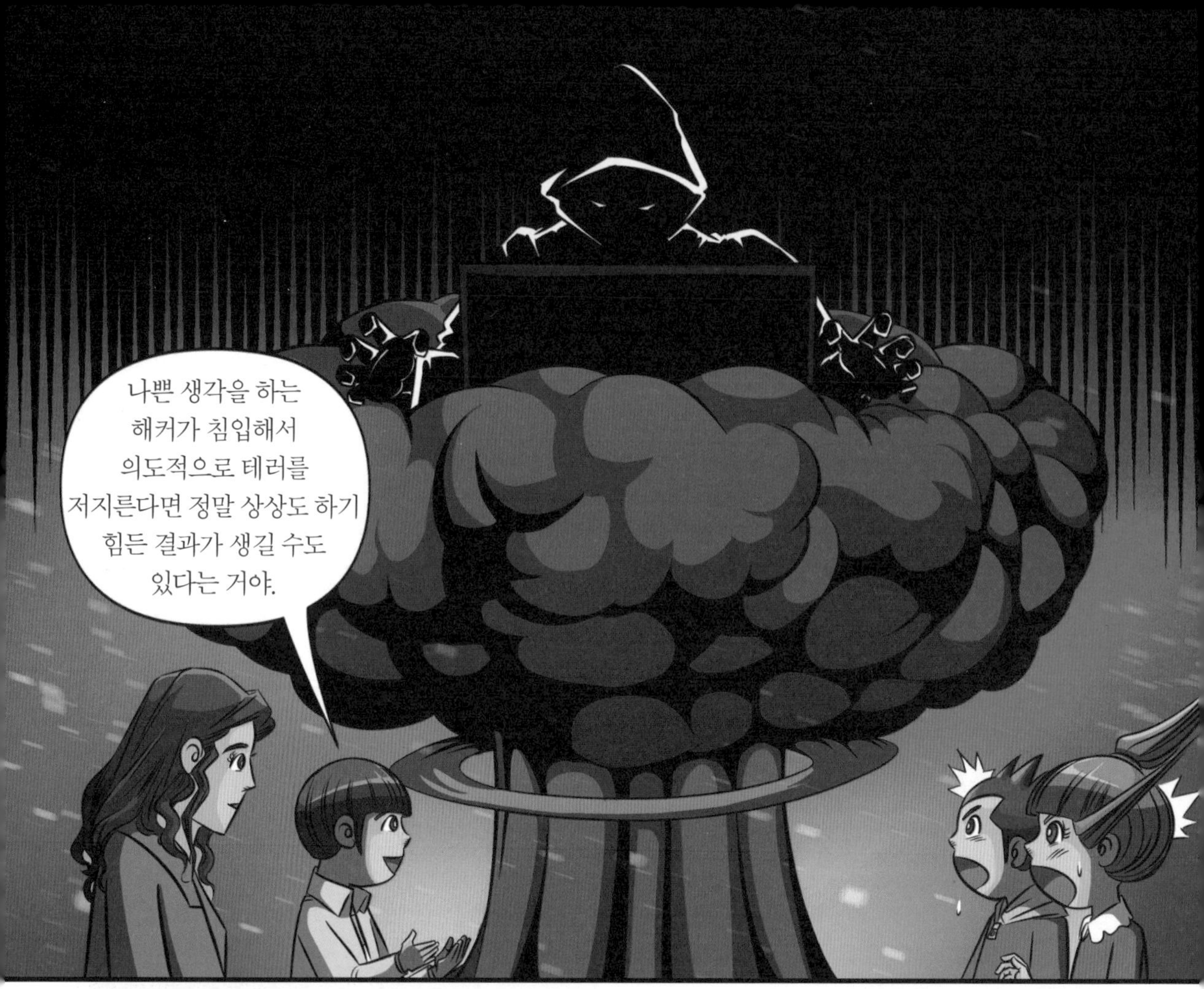
나쁜 생각을 하는
해커가 침입해서
의도적으로 테러를
저지른다면 정말 상상도 하기
힘든 결과가 생길 수도
있다는 거야.

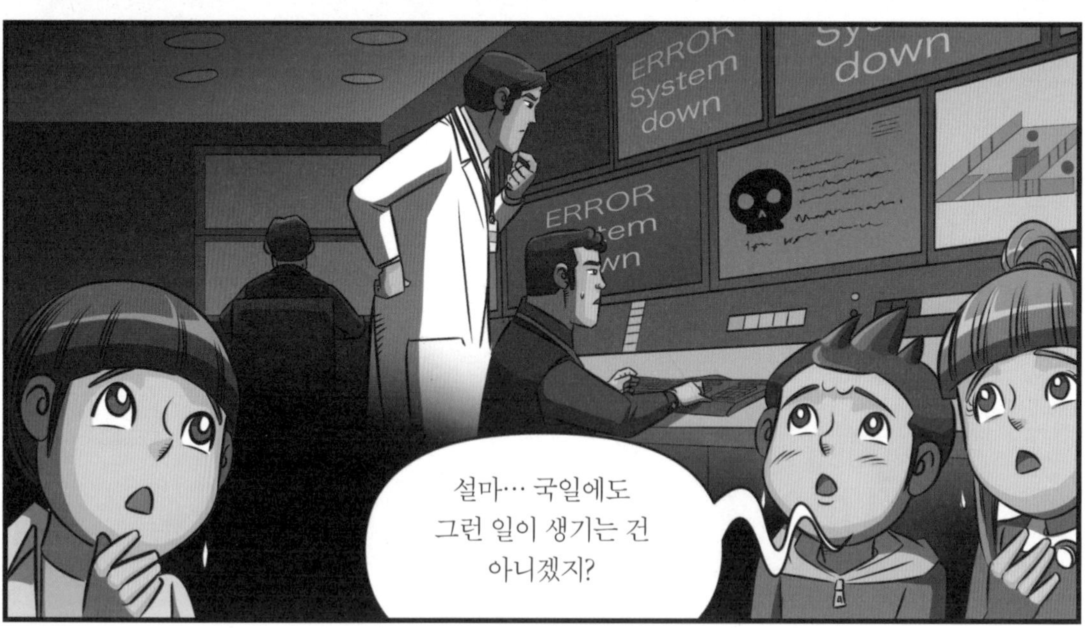
ERROR
System
down
down
ERROR
설마… 국일에도
그런 일이 생기는 건
아니겠지?

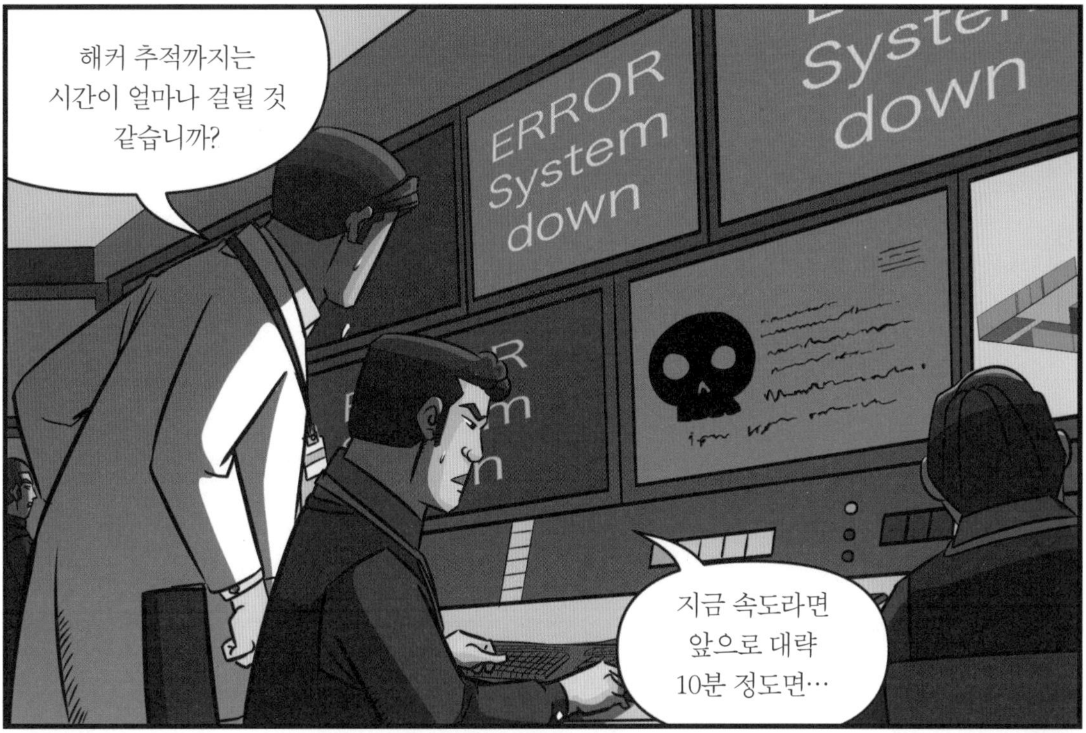
해커 추적까지는
시간이 얼마나 걸릴 것
같습니까?
ERROR System down
System down
지금 속도라면
앞으로 대략
10분 정도면…

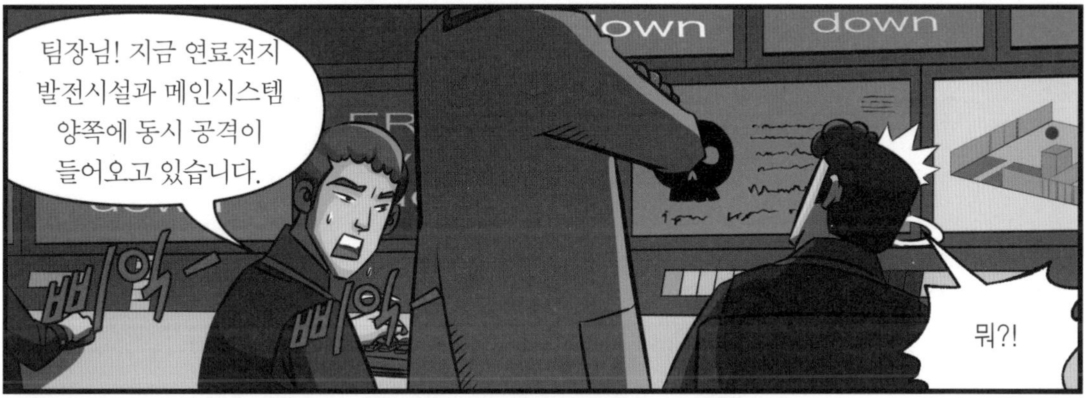
팀장님! 지금 연료전지
발전시설과 메인시스템
양쪽에 동시 공격이
들어오고 있습니다.
삐약-
삐약
뭐?!

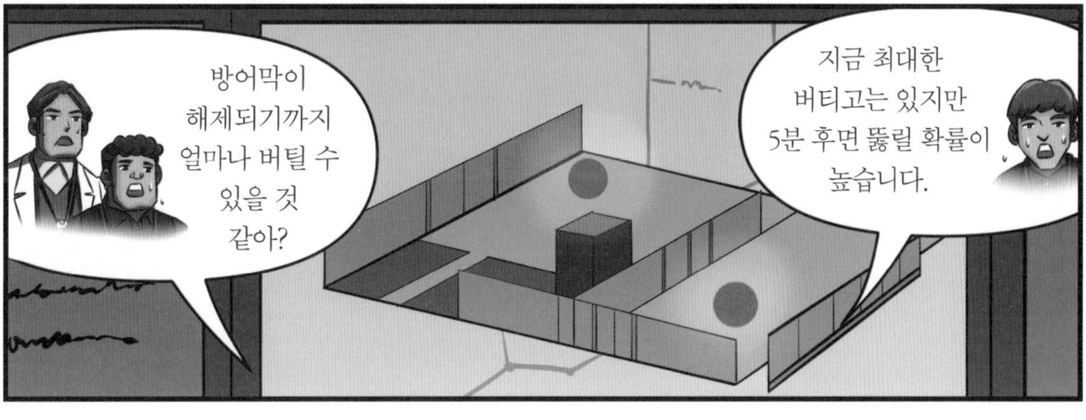
방어막이
해제되기까지
얼마나 버틸 수
있을 것
같아?
지금 최대한
버티고는 있지만
5분 후면 뚫릴 확률이
높습니다.

발전시설과 메인 시스템이
동시에 장악되면 해커가 국일의
주요 기밀들을 빼가고 시스템
전체를 다운시키는 데
성공할 수도 있습니다.

절대 그런 일이 생기게
둘 순 없죠!

해커들에게 절대 우리
정보를 넘겨줄 수는 없어!
모두 지금보다 더 서둘러
해커를 추적한다!

예!

성공할 수 있을까요?

반드시
성공할 겁니다!

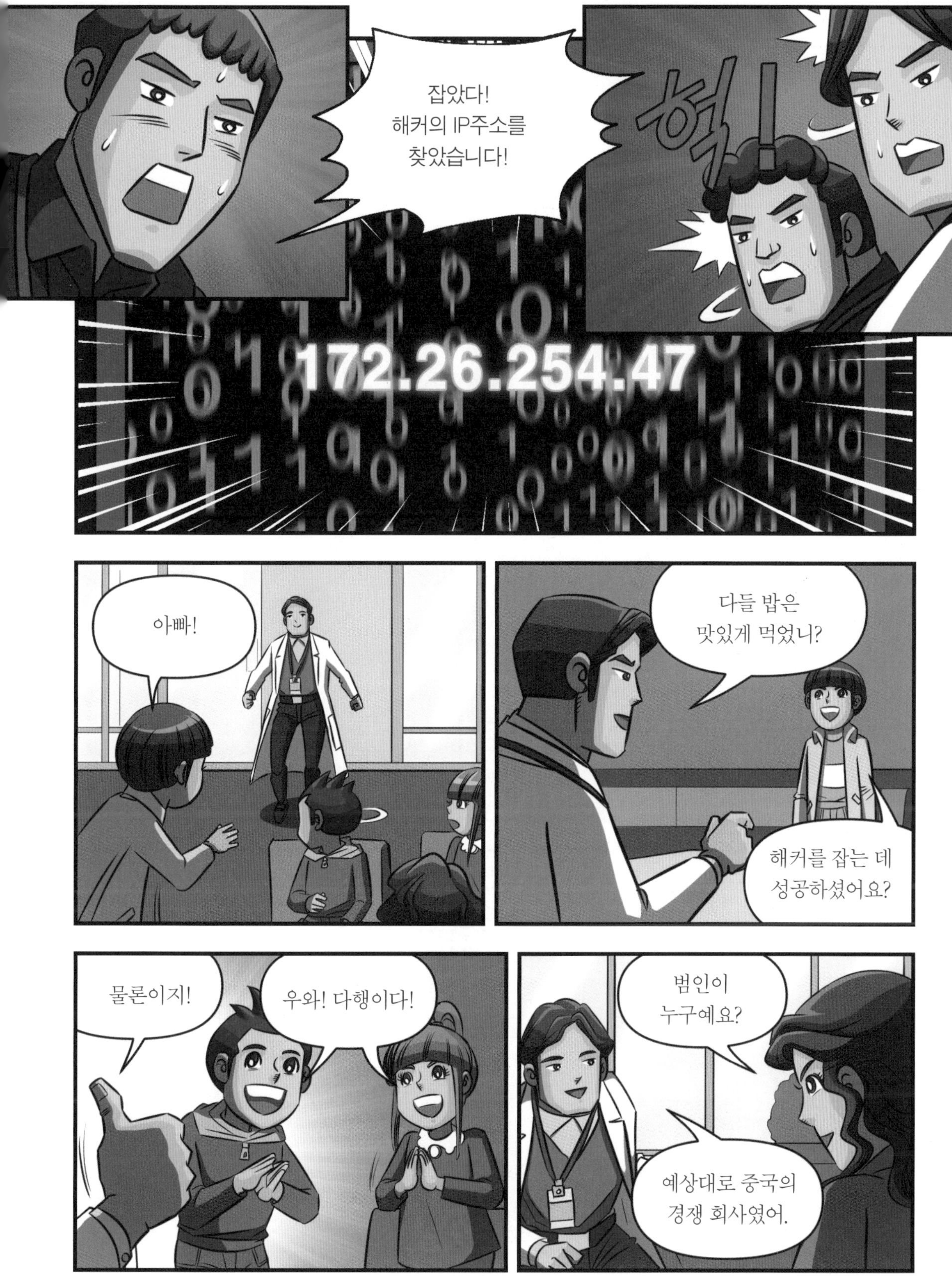
잡았다!
해커의 IP주소를
찾았습니다!
헉!
172.26.254.47
아빠!
다들 밥은
맛있게 먹었니?
해커를 잡는 데
성공하셨어요?
물론이지!
우와! 다행이다!
범인이
누구예요?
예상대로 중국의
경쟁 회사였어.

호시탐탐 노리는 걸 예상하고 준비를 철저히 한 덕분에 이번엔 잘 막을 수 있었지만, 앞으로는 지금보다 더 보안에 힘을 쏟아야겠어.

와~! 준우네 아버지 회사는 보안에도 철처하시구나! 정말 멋지다!

범죄를 쫓는 탐정 같은 정보보안팀이 있으니까.

헤, 그럼 나는 먹탐정. 정보보안팀은 사물인터넷 탐정인 거네~!

아휴, 그렇다고 쳐 줄게.

자, 이제 사물인터넷에 대해서 기본적인 지식은 쌓았을 거고, 더 알고 싶은 거 있니?

아빠, 주말에 할아버지 생신 파티에 가기로 했잖아요. 그때 소영이랑 영철이도 같이 가도 돼요?

할아버지가 계신 곳이 스마트시티잖아요.

어머, 그렇네!

그래, 실생활에 쓰이는 사물인터넷을 직접 관찰하면 더 좋은 공부가 될 거야.

와~ 너무 좋아요. 감사합니다!

맛있는 생일 케이크도 먹을 수 있고요~

돈가스도 혼자 다 먹어놓고 또 먹을 생각이 나니?

영철이는 정말 못 말린다니까.

사물인터넷의 활용

사물인터넷 기술은 여러 산업 분야에서 활발히 활용되고 있어요. 버스 정류장에 있는 전광판에는 버스가 언제 오는지, 승객은 몇 명인지 등 버스의 현황을 알려줘요. 이처럼 우리 주변에서 쉽게 경험할 수 있는 편리함도 바로 사물인터넷 기술이 활용된 거예요. 사물인터넷 기술은 어떤 산업에서 어떻게 활용되고 있는지 알아볼까요?

● 교육

사물인터넷 시대가 도래하면서 스마트캠퍼스가 등장했어요. 스마트캠퍼스는 스마트출결관리 서비스, 스마트도서관 서비스 등이 제공돼요. 즉 스마트폰으로 강의실, 식당, 서점 등 교내 각종 시설의 이용 예약과 결제가 가능하고, 모바일로 출석 여부를 관리할 수 있는 것이에요. 도서관 열람실 좌석에 RFID태그를 부착하고 스마트폰을 가져다 대어 좌석을 배정받고, 자리에서 일정 반경 이상 벗어나면 좌석이 반납돼요. 그리고 강의실 의자에 설치된 태그에 스마트폰을 가져다 대면 그 즉시 출석체크가 이루어지는 것이지요.

사물인터넷 기반 스마트클래스룸도 나오고 있어요. 스마트클래스룸에서는 반에 있는 모든 사물과 사람을 연결시켜, 보고 듣는 수업에서 디지털 교과서를 통해 만지고 경험해보는 수업으로 발전했어요.

● 의료, 복지

사물인터넷을 통해 사용자의 주변 환경과 신체 변화를 실시간으로 수집하여 의료 서비스를 개선하고, 취약계층이나 미아 방지 등을 위한 기술로도 활용하여 복지를 확대할 수 있어요. 실제로 인천시에서는 사물인터넷 기술을 복지 제도에 활용해 독거노인을 구한 사례도 있어요. 사물인터넷 기술을 탑재한 안심폰을 제공받은 노인이 심장질환으로 쓰러졌는데, 이 때 경고 알림 문자가 119로 빠르게 전송되어 생명을 구할 수 있었어요. 안심폰에 사물인터넷 기술을 적용하여 주변의 온도와 습도, 착용자의 움직임까지 파악할 수 있어요. 이처럼 사물인터넷 기술을 활용하면 취약계층의 상태나 상황을 원격으로 확인하고 도움을 줄 수 있어요.

● 에너지

사물인터넷 기술을 적용하면 에너지 효율을 높이고 비용을 절감할 수 있어요. 서울시는 사물인터넷을 이용한 도로조명 시스템을 설치할 계획이에요. 도로조명 시스템은 가로등마다 사람을 감지할 수 있는 센서를 부착하고 사람이 있고 없음에 따라 전체 가로등의 밝기를 자동으로 조절하는 시스템이에요. 이 시스템이 설치되면 기존 도로조명의 전력사용량을 최대 50%까지 절감할 수 있을 것으로 예상돼요. 그리고 온도조절기를 생산하는 회사인 네스트랩스는 사물인터넷을 적용한 온도조절기를 통해 에너지 절감을 할 수 있다고 표명했어요. 이 온도조절기는 동작 인식 센서가 내장되어 있어 사람의 움직임이 없을 때는 외출로 인식해 온도를 낮춰 에너지를 절약한다고 해요.

21세기의 새로운 도시 유형, 스마트시티

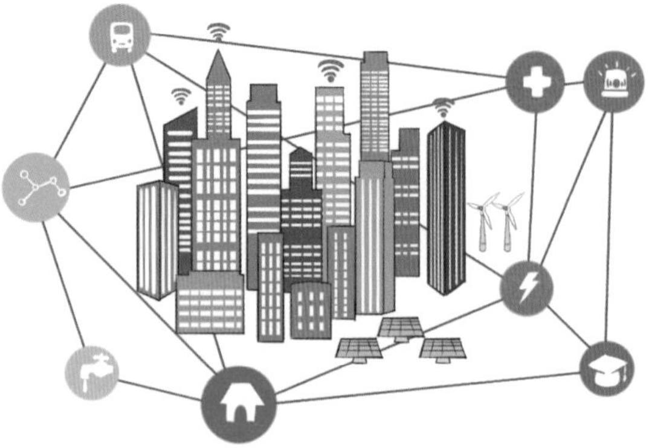

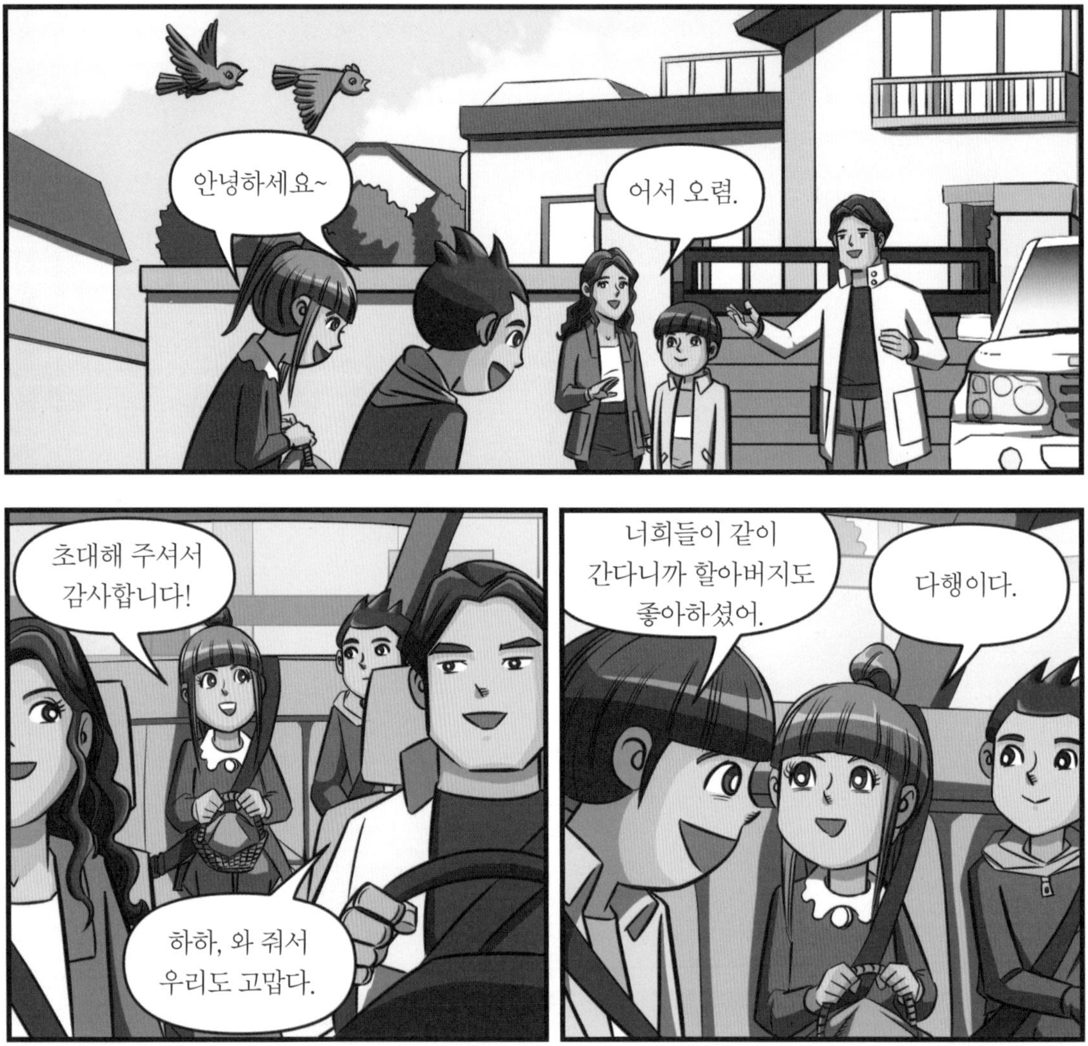

안녕하세요~
어서 오렴.
초대해 주셔서 감사합니다!
하하, 와 줘서 우리도 고맙다.
너희들이 같이 간다니까 할아버지도 좋아하셨어.
다행이다.

바구니 안에서 과자 냄새가 나는 것 같아.

응. 엄마가 할아버지께 드릴 선물로 쿠키를 구워주셨어.

우와~ 그런 걸 직접 만드셨어?

우와~ 맛있겠다!

할아버지 드릴 거니까, 영철이 넌 눈독 들이지 마.

힝~

할아버지 댁으로 출발~!

부릉

너희들 발표 준비는 잘되고 있니?

당연하죠.

아마 저희가 1등일걸요.

호호.

오, 아주 자신 있는 모양이구나.

사실 저는 우리가 갈 스마트시티가 뭔지 궁금해서 어젯밤에 혼자 공부도 했어요.

와, 대단한데.

그럼 소영이가 공부한 내용 한번 들어볼까?

네!

흠흠.

잘해~

스마트시티(Smart City)는 첨단 정보통신기술(ICT)을 이용해 도시 생활 속에서 유발되는 교통문제, 환경문제, 주거문제, 시설 비효율 등을 해결하여 시민들이 편리하고 쾌적한 삶을 누릴 수 있도록 한 '똑똑한 도시'를 뜻해요.

최근 들어서는 다양한 혁신기술을 도시 기반과 결합한 융·복합 공간이란 의미의 '도시 플랫폼'으로 활용되죠.

오~! 맞아. 아주 잘 공부해 왔는걸.

정보기술(IT)과 거대정보(빅데이터) 등의 신기술을 접목해서 교통 및 운송 시스템, 발전소, 폐기물 관리 등 각종 도시문제를 해결하고 발전된 도시로 만든 곳이 바로 '스마트시티'인 거예요.

대단해!

내 예상보다 훨씬 자세히 알고 있구나. 대단한데.

감사합니다.

국내 스마트시티

세종

인공지능, 블록체인 기술을 기반으로 한 도시를 조성해 이동수단, 헬스케어, 교육, 에너지환경, 거버넌스, 문화쇼핑, 일자리 등 7대 서비스를 구현합니다. 이곳에서는 자율주행 셔틀버스, 전기공유차 등을 이용할 수 있고 개인 맞춤형 의료 서비스 등을 받을 수 있습니다.

부산 에코델타시티

고령화, 일자리 감소 등의 도시문제에 대응하기 위해 로봇, 물 관리 관련 신사업을 육성합니다. 로봇이 주차를 하거나 물류를 나르는 등 일상생활에서 로봇 서비스를 이용할 수 있고 첨단 스마트 물 관리 기술을 적용해 한국형 물 특화 도시모델을 구축합니다.

사실은 저도 어제 공부를 좀 했어요!

정말? 네가 공부했다고?

너 설마 스마트시티에서 과자 만드는 법 같은 거 공부한 건 아니지?

아니거든~!

사실 그것도 궁금하긴 했어.

으이구!

음, 난 영철이가 뭘 공부했는지 알 것 같은데.

점쟁이도 아닌데 그걸 네가 어떻게 알아?

점쟁이는 아니지만 다 아는 방법이 있지.

응? 어떻게?

에헴! 영철이가 공부한 건 바로…

스마트시티의 빅데이터야.

헉! 그, 그걸 어떻게 알았어?

다 아는 방법이 있다니까~

영철이 방에 몰래카메라라도 단 거 아니야?

스마트시티를 만드는 가장 기본적인 요소가 빅데이터니까 충분히 예상할 수 있지.

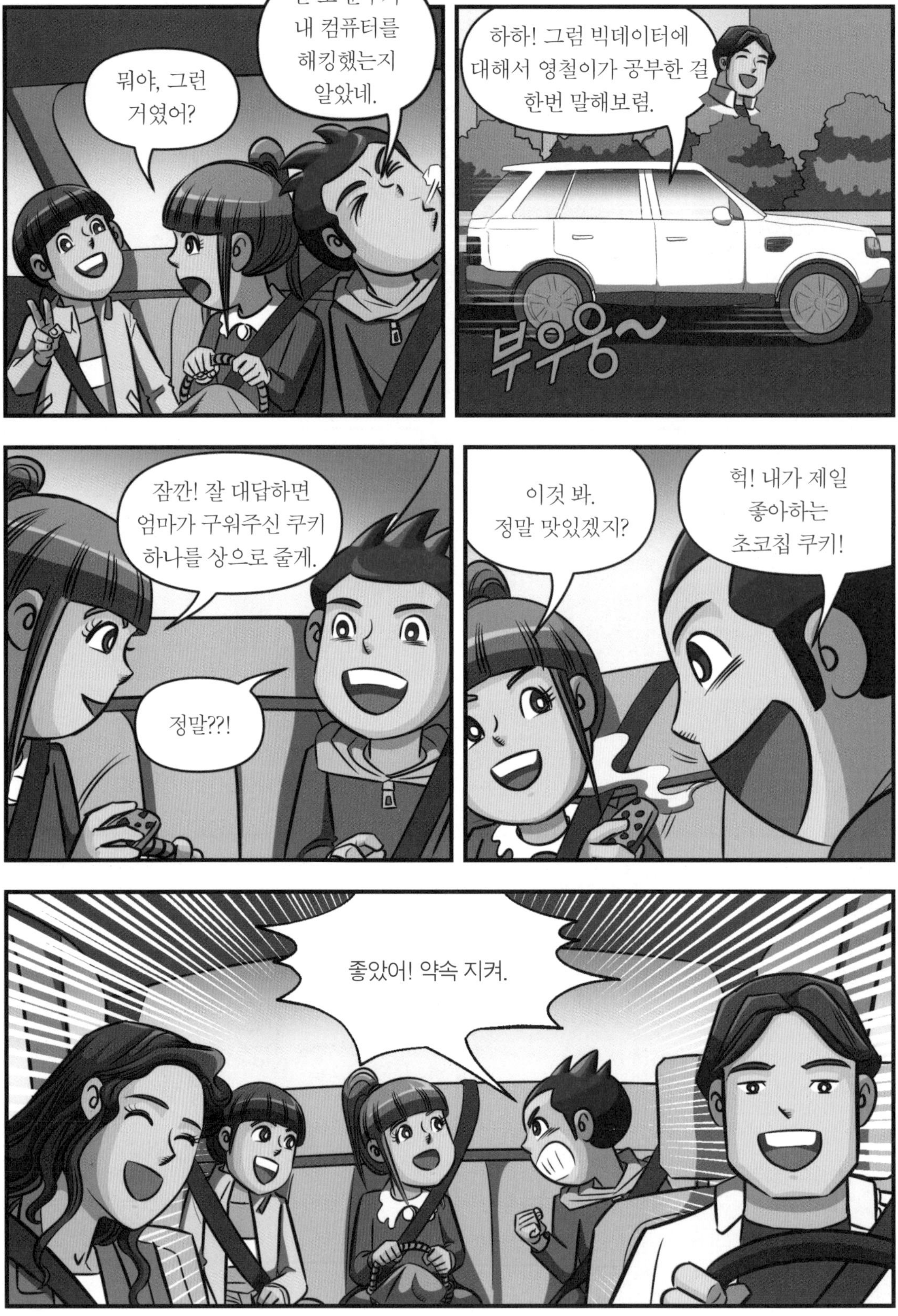
뭐야, 그런 거였어?
난 또 준우가 내 컴퓨터를 해킹했는지 알았네.
하하! 그럼 빅데이터에 대해서 영철이가 공부한 걸 한번 말해보렴.
부우웅~
잠깐! 잘 대답하면 엄마가 구워주신 쿠키 하나를 상으로 줄게.
정말??!
이것 봐. 정말 맛있겠지?
헉! 내가 제일 좋아하는 초코칩 쿠키!
좋았어! 약속 지켜.

사물인터넷에서의 빅데이터는 사물이 자기 일을 수행하면서 만들어지는 모든 정보를 말해!

오~ 잘하고 있어.

그 정도면 초코칩 쿠키 반 개는 먹을 수 있겠는데?

이게 다가 아니라고!

스마트시티의 빅데이터는 도시 내 사물인터넷과 연결된 가정의 조명, 보일러 등을 끄고 켜는 시간 같은 모든 데이터를 저장해서 자동으로 끄고 켜는 방법으로 에너지 관리에 이용할 수도 있어.

스마트시티를 운영하기 위해서는 이런 모든 정보를 모은 어마어마한 데이터가 활용되는데 이걸 바로 빅데이터라고 부르는 거지.

잘했어! 이 정도면 영철이가 초코칩 쿠키를 먹을 자격이 충분한 것 같은데?

자~ 받아.

신난다!

너희들 빅데이터가 스마트시티에 적용되는 실제 사례들은 공부해 봤니?

거기까지는 찾아보지 않았어요.

왕... ...

사실은 저도 스마트홈 시스템을 이용한 에너지 절약 말고는 잘 모르겠어요.

흠. 그럼 너희들에게 실제 사례들을 좀더 설명해 줄 사람을 소개해 줘야겠구나.

네?

그게 누군데요?

하하, 데이터 분석가란다.

데이터분석가요?

스마트시티 운영에 필요한 데이터들을 수집하고 분석하는 사람을 데이터분석가라고 하는데 준우 삼촌이 그런 일을 하고 있어.

정말요?!

부우웅....

맞아. 우리 삼촌이 데이터분석가야.

와, 준우네는 사물인터넷 전문가 가족이구나?

사물인터넷에 음식 전문가가 있다면 나도 할 수 있을 텐데.

아쉽지만 다른 분야를 찾아 봐.

여기가 너희 할아버지가
살고 계신
스마트시티야?

영화에 나오는 우주 도시
같을 줄 알았는데 그냥
평범한 도시네.

그러게. 겉으로
보기엔 다른 도시랑
똑같아 보이는데?

와, 그렇구나!

겉으로는 평범해 보일 수도
있을 거야. 하지만 지금 이 순간에도
우리 눈에 보이지 않는 데이터들이
도시 전체를 바쁘게 오가고 있단다.

저기 너희들이 기대하던 데이터분석가가 보이는구나.

애들아, 안녕~

삼촌!

데이터분석가가 하는 일에 대해 자세히 알고 싶다고?

네~!

흠. 학교에서 발표까지 할 거라니까 정말 제대로 알려줘야겠는걸?

당연하지, 삼촌.

우리가 초등학생이라고 대충 알려줄 생각은 하지도 마.

저희도 이제 거의 전문가 수준이라구요~

맞아요.

어이쿠. 이 녀석들 무서워서라도 긴장해야겠는데?

너희들 사물인터넷과 스마트시티에 대해 기본적인 공부는 다 했다고 했지?

응. 데이터분석가의 기본개념에 대해서도 알고 있어.

이 녀석, 잘난 척 하기는~

데이터분석가는 사물인터넷이 만들어내는 엄청난 양의 데이터를 분석해서 기업이나 공공기관이 어떻게 활용할지를 연구하는 사람이야.

기존에 있던 빅데이터 전문가와 유사하다고 할 수 있지.

두 직업이 어떻게 다른 거예요?

빅데이터 전문가는 정보를 모아서 분석하는 일을 하고, 데이터분석가는 그렇게 모은 정보를 어떻게 활용할지 연구한단다.

아…!

데이터분석가

데이터를 다각적으로 분석해서 조직의 전략 방향을 제시하는 기획자이자 전략가입니다. 데이터 속에서 종합적인 분석과 통찰력을 가지고 예측하는 것은 물론 비즈니스와 기획이 가미되어 취합 및 조율 과정을 거쳐 새로운 가치도 부여합니다.

빅데이터 활용이 늘면서 데이터의 질에 초점이 맞춰졌고, 이에 따라 데이터를 활용하는 데이터분석가에 대한 관심도 높아지고 있습니다.

구체적으로 예를 들어 설명하는 게 이해하기 쉽겠지?

네~

스마트시티의 에너지 절약을 위해 데이터 분석가가 빅데이터를 이용한다는 건 알아.

Guadalajara
과달라하라

스페인에 있는 '과달라하라'라는 도시는 거리의 조명을 LED로 교체하고 사물인터넷 조명관리 소프트웨어를 활용해서 도시에너지 68%를 절약하기도 했지.

우와, 68%나요?!

맞아. 대단하지?

거리 조명의 관리는 스마트시티로 가는 첫 번째 과제 중 하나라고 할 수 있어.

도로의 LED 조명의 성능을 거의 실시간으로 모니터링 할 수 있고, 사람이 많은 횡단보도나 공공광장과 같은 특정 영역의 밝기를 어둡게 하거나 밝게 할 수도 있어. 이런 원격 관리를 통해 도시 전체의 탄소 배출량을 줄일 수도 있지.

와아~

이런 일이 가능하기 위해서는 먼저 도시 전체의 조명 사용 데이터가 필요하겠지?

그 정보를 모으고 분석하는 게 빅데이터 전문가죠?

그렇지.

그리고 데이터분석가는 사람들이 도로를 자주 이용하는 시간

도로에 머무는 목적 등 도시 조명에 관련된 모든 데이터를 분석해서

그 정보를 이용해 에너지 절약을 위한 소프트웨어 개발이라는 상업적 아이디어를 도출해 내는 거야.

그 아이디어를 보다 가치 있게 만들기 위해 조명을 사용하는 목적에 따라 밝기를 조절하는 아이디어, 에너지의 효율성을 위해 LED 조명으로 교체하는 아이디어, 조명을 켜고 끄는 시간 계산까지 포함한 전체 모델을 설계해.

우와~!

어때? 대단하지?

네, 너무 멋있어요!

이제까지 들었던 사물인터넷 직업 중에서 제일 멋진 것 같아요!

훗~! 알아주니 고마운걸.

뭐야, 너 전에는 탐정 같아서 보안인증팀이 멋있다며?

헤헤~ 내가 그랬나?

먹탐정 영철이의 꿈이 이제 데이터 분석가로 바뀌겠구나?

하하하~

그런데 데이터 분석가가 되려면 어떻게 해야 해요?

우와~ 영철이가 진심인가 봐.

흠~

꿀꺽!

데이터분석가가 되기 위해서는 아주 섬세한 인지 능력과 날카롭고 예리한 질문을 던질 줄 아는 능력, 마지막으로 천부적인 스토리텔링 자질이 필요해.

인지 능력

예리한 질문

스토리텔링

데이터분석가

그, 그게 다 무슨 말이에요…? 너무 어려워요…

스마트시티 조명의 경우처럼 많은 양의 데이터를 잘 분류해 내는 것도 중요하지만 반대로 그 데이터를 활용하는 방법에 대해서는 창조적인 아이디어가 필요하거든.

통계학, 경영학 같은 기초가 되는 공부는 기본이고 그 위에 창의적인 자질을 갖추기 위한 개인의 노력이 더해져야 비로소 데이터분석가가 될 수 있단다.

와~ 정말 많은 노력이 필요한 직업이네요.

맞아. 하지만 사물인터넷 데이터의 양이 증가하는 만큼 점점 더 필요하고 중요해지는 직업이기도 하지.

헤헷~ 생각해보니까 저는 인내심이 없어서 그렇게 엄청난 데이터를 분석하는 일은 안 맞을 것 같아요.

사물인터넷의 데이터분석

2011년 브라질에서 집중호우로 인한 산사태가 일어나 많은 인명피해가 발생했을 때 브라질 월드컵이 열렸던 리우데자네이루에서는 이를 교훈 삼아 새로운 도시환경 조성을 위한 기초자료로 데이터분석을 시작했습니다. 도시 내 30개 기관의 정보를 단일체제로 통합해 자연재해, 교통, 전력공급 등을 24시간 실시간 모니터링하는 시스템을 도입했고 이후 비상사태 발생 시 자동 이메일이나 문자로 즉각 알릴 수 있게 해 응급상황에 대한 대응시간을 30%정도 개선했다고 합니다.

한국의 경우 이동통신사와 협조하여 대규모의 데이터분석을 한 사례가 있습니다. 심야에 통화하는 사람들의 발신자 위치(출발지)와 번호 소유자의 주소지(도착지)를 연결해 심야에 가장 많이 이동하는 길을 찾을 수 있었고, 이를 분석해 새로운 대중교통 노선을 확정하기도 했지요. 데이터분석가는 이처럼 빅데이터를 어떻게 추출하고 활용할지에 대한 기획부터 이를 분석하는 전 과정을 수행합니다.

사물인터넷으로 바뀌는 세상

사물인터넷 기술은 가정, 도시, 산업 등 다양한 분야에서 활용되며 세상을 바꾸고 있어요. 정부는 2025년까지 58조 2천억 원 가량을 투입해 디지털 뉴딜을 추진한다고 밝혔는데요. 이는 사물인터넷 기술이 더 도약할 수 있는 기회로 여겨지고 있어요. 사물인터넷 기술이 활용된 우리 주변은 어떻게 변화하고 있을까요?

● 스마트홈

스마트홈은 집 안의 다양한 기기들이 홈네트워크로 연결되어 사람 중심의 새롭고 다양한 서비스를 제공하는 집이에요. 주택의 내외부를 실시간으로 경비하는 서비스부터 홈 헬스케어 서비스를 통해 집에서 웹으로 의사를 만나고 의료 서비스까지 받을 수 있어요. 집 안의 에어컨, 전자레인지 등의 기기를 원거리에서 작동시킬 수 있을 뿐 아니라 스마트락을 통해 아이가 안전하게 집에 돌아왔는지 등을 확인할 수도 있어요.

● 스마트시티

스마트시티는 사물인터넷 기술을 통해 도시 생활 속에서 유발되는 교통, 환경, 주거 등의 문제를 해결하여 시민들이 편리하고 쾌적한 삶을 누릴 수 있도록 한 똑똑한 도시예요. 스마트시티가 구축되면 실시간으로 교통 정보를 얻을 수 있어 교통 체증을 해결할 수 있고, 원격 근무가 가능해지면서 주거 문제도 해결할 수 있어요. 우리나라는 부산에 스마트시티를 건설할 계획이에요. 이곳에서는 로봇 관련 신사업을 육성하는데요. 로봇이 주차를 하거나, 물류를 나르는 등 일상에서 로봇 서비스를 이용할 수 있도록 할 예정이에요.

● 스마트팩토리

스마트팩토리는 설계, 개발, 제조, 유통 등 생산 과정에 사물인터넷 기술이 결합된 지능형 생산공장을 의미해요. 공장 내 설비와 기계에서 데이터를 실시간으로 수집하고 분석해서 편리하게 제어할 수 있어요. 스마트팩토리에서는 수집된 데이터를 기반으로 어디에서 불량품이 발생했는지, 이상 징후가 보이는 설비는 무엇인지 등을 손쉽게 파악하여 관리 비용을 절감할 수 있어요. 스마트팩토리가 구축되면 잘못된 물량을 떠맡아 손해 보는 일이나, 소수의 불량품으로 모든 상품을 확인하는 등의 비효율적인 문제점을 개선할 수 있어요. 이렇게 스마트팩토리를 통해 에너지와 비용을 절감하여 생산성을 향상시킬 수 있어요.

● 스마트팜

스마트팜은 농사에 사물인터넷 기술을 접목하여 시간과 공간의 제약 없이 최적의 생육 환경을 자동으로 제어할 수 있게 만든 지능화된 농장을 의미해요. 스마트팜은 농사를 지을 노동력 부족과 생산성 저하 문제를 해결할 방법으로 주목받고 있어요. 작물의 생육 환경을 멀리서도 관리할 수 있고 시설의 온도, 습도, 햇빛의 양, 토양 등을 분석하여 생육 환경에 알맞은 조치도 스마트폰 하나로 취할 수 있어요. 예를 들어 기존에는 작물에 물을 줄 때 직접 밸브를 열고 모터를 작동시켜야 했지만, 스마트팜에서는 전자밸브를 설정값에 맞춤으로써 자동으로 물을 주는 관수 기능을 사용할 수 있어요.

우리는 사물인터넷 전문가!

할머니 전화왔다~!

삐리리릭~

농장에서 채소를요?

삼촌, 할머니가 뭐라서?

잠깐 농장에 좀 들러야겠는데, 할머니가 불고기에 넣을 채소가 필요하시대.

불고기! 엄청 맛있겠다~

으이구~

채소가 필요하면 마트로 가야 하는 거 아냐?

아니~ 우리 할아버지, 할머니 댁엔 스마트 농장이 있어.

스마트농장?

그래. 작긴 하지만 최첨단 설비로 채소를 직접 기르는 농장이야.

우와~!

그럼 저희도 직접 가서 채소를 딸 수 있는 거예요?

그럼~!

우리 할머니 댁 농장엔 채소뿐 아니라 딸기, 참외 같은 과일들도 많아.

헉! 나 거기 꼭 갈래!

하하하~

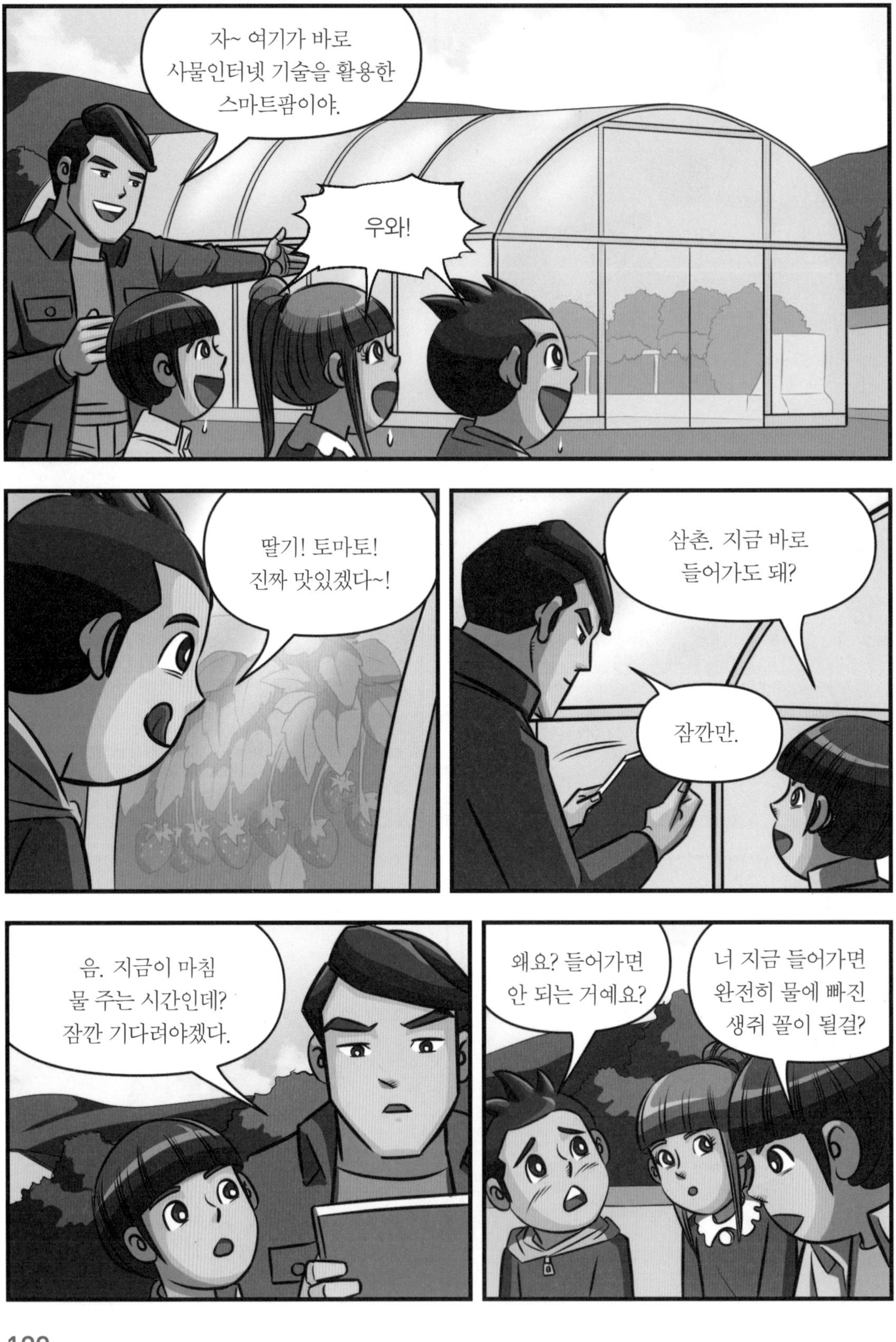
자~ 여기가 바로
사물인터넷 기술을 활용한
스마트팜이야.
우와!
딸기! 토마토!
진짜 맛있겠다~!
삼촌. 지금 바로
들어가도 돼?
잠깐만.
음. 지금이 마침
물 주는 시간인데?
잠깐 기다려야겠다.
왜요? 들어가면
안 되는 거예요?
너 지금 들어가면
완전히 물에 빠진
생쥐 꼴이 될걸?

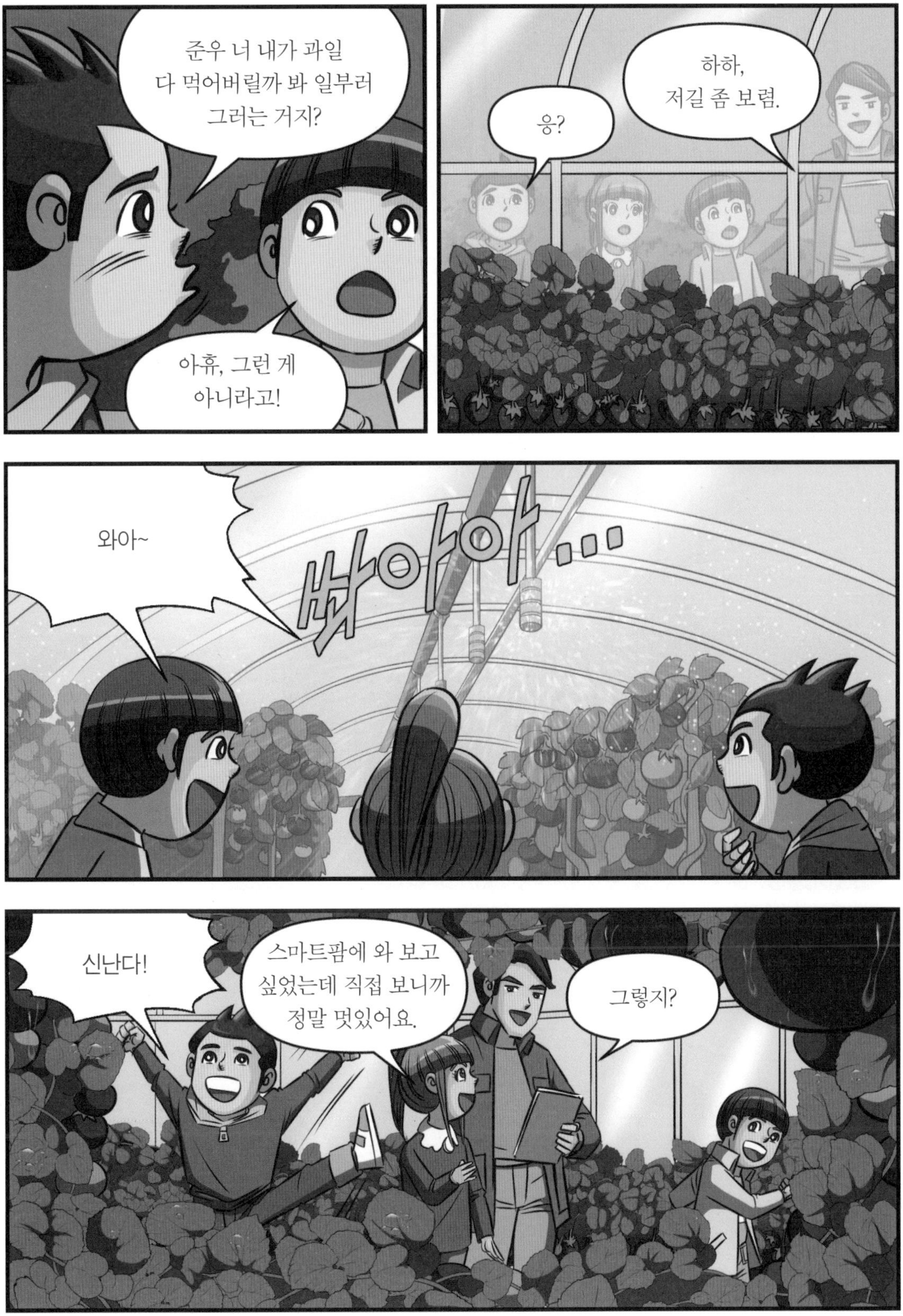
준우 너 내가 과일 다 먹어버릴까 봐 일부러 그러는 거지?
아휴, 그런 게 아니라고!
응?
하하, 저길 좀 보렴.
와아~
빠아아...
신난다!
스마트팜에 와 보고 싶었는데 직접 보니까 정말 멋있어요.
그렇지?

저기서 자동으로 물이 나오는 거예요?

맞아.

우리 스마트팜에서는 자동 분무 뿐만 아니라 온도와 습도 조절, 과일 채소 상태에 따른 영양제 투여, 토양 분석 등 모든 작업이 자동으로 해결되고 있어.

기계 스스로 주변 환경을 학습하는 머신 러닝 기능이 탑재된 로봇이 농장 안에 필요한 모든 정보를 모아

이 앱으로 전달해서 자동으로 최적의 환경을 설정하고 작물의 성장을 돕고 있지.

그런데 모든 걸 다 자동으로 하려면 전기가 엄청 많이 들 거 같아요.

그렇겠지?

그럼 스마트팜이 꼭 좋은 것만도 아니잖아요.

하하! 그런 단점까지 해결했으니까 스마트팜이라고 부르는 거란다.

나노기술의 활용사례

*__나노 의료:__ 사람의 몸속에 침투해 아픈 세포를 찾아내고 약물을 운반해서 치료하는 나노로봇 기술은 현재도 이용되고 있고 앞으로는 더욱 발전할 분야로 꼽힙니다.

*__나노 에너지:__ 동일한 질량의 가솔린을 태웠을 때보다 3배나 많은 에너지를 생성하는 수소에너지에도 나노기술이 쓰이고 있습니다. 가연성이 커서 불안정한 수소를 안전하게 저장할 수 있게 응용되고 있습니다.

*__나노 소재:__ 전기·전자, 자동차, 2차전지, 의약품 등의 제품 생산에 필요한 특수기능을 가진 정밀 화학소재를 만드는 데도 나노기술이 사용되고 있습니다. 다품종 소량생산의 고부가가치 제품을 위해 새로 개발되는 신소재, 특히 화학적인 방법으로 생산되는 소재가 주로 연구되고 있으며, 전지, 반도체, 환경, 통신 등 신기술산업의 근간인 첨단 소재의 개발은 필수적입니다.

나노기술은 10억 분의 1m의 작은 물질을 합성하고 조립, 제어하면서 그 물질의 성질을 측정, 규명하는 기술을 말해.

이 기술을 이용해서 낮은 전력 소모, 적은 생산 비용으로 보통 물질의 백만 배 이상의 성능을 갖는 나노 구조의 마이크로프로세서 소자를 생산할 수 있지.

우리 스마트팜에서는 이런 나노기술을 이용한 설비로 에너지효율을 극대화해서 전기를 절약하고 있단다.

우와~!

1m도 아니고 10억 분의 1m라니… 눈에 보이지도 않는 거잖아요!

과학의 힘이 정말 대단하지?

스마트팜은 이런 최첨단 설비를 통해서 생산력을 높이고 로봇을 이용해 상품 포장까지 자동으로 해결할 수 있어서 농장을 관리하는 사람의 노동력을 최소한으로 줄일 수 있어.

마이크로프로세서

컴퓨터의 산술논리연산기, 레지스터, 프로그램 카운터, 제어회로 등의 연산장치와 제어장치를 1개의 작은 실리콘 칩에 모아넣은 처리장치를 말합니다. 주기억장치에 저장되어 있는 명령을 해석하고 실행하는 기능을 합니다.

스마트시스템이 인구노령화의 해결책인 거군요.

오, 소영이가 아주 잘 알고 있는데?

헤헷~ 사실은 준우네 아빠께 들었어요.

으아, 그걸 기억하고 있었어?

역시. 소영이는 기억력이 짱이야.

자, 그럼 이제 할머니가 부탁하신 채소들을 수확해 볼까?

네~!

125

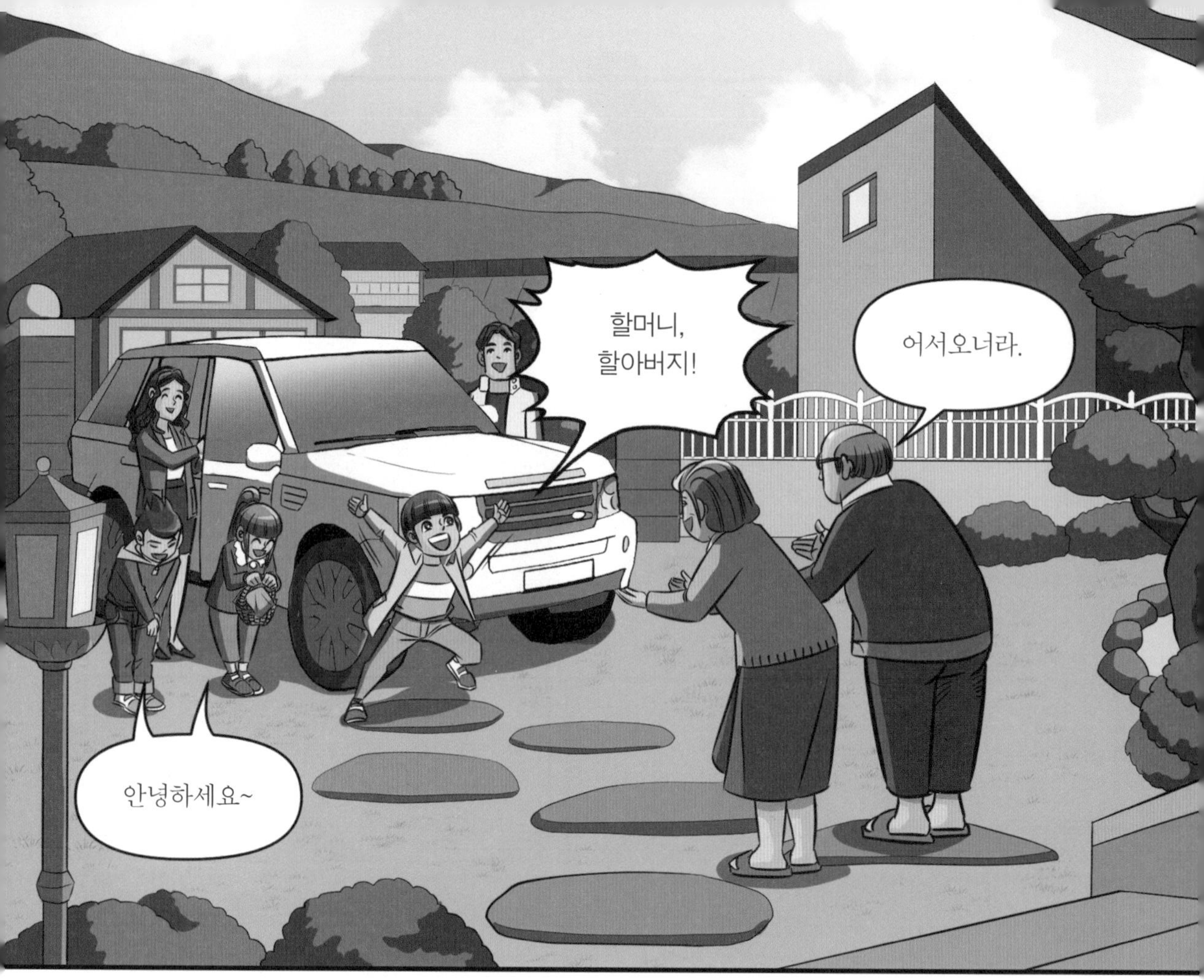
할머니,
할아버지!
어서오너라.
안녕하세요~

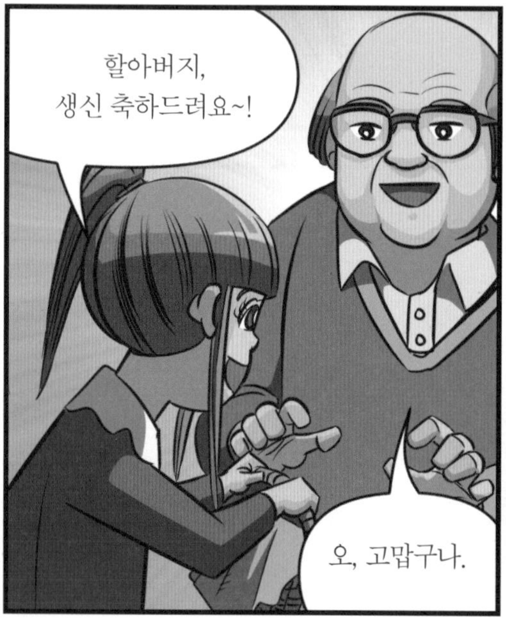
할아버지,
생신 축하드려요~!
오, 고맙구나.

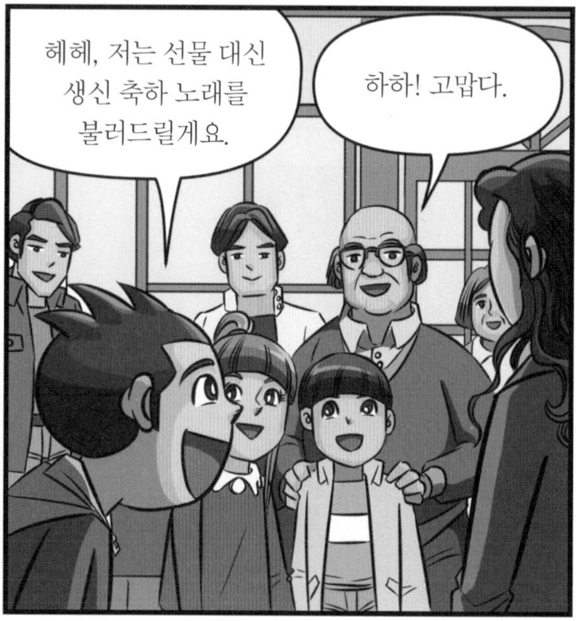
헤헤, 저는 선물 대신
생신 축하 노래를
불러드릴게요.
하하! 고맙다.

후아~! 진짜 맛있게 먹었다!

누가 보면 영철이 네 생일인 줄 알겠어.

우와! 디저트다~!

영철이는 역시 대단해.
밥을 그렇게 많이 먹었는데
또 쿠키를 먹으려고 하네.

무슨 소리!
밥 먹는 배랑
디저트 먹는 배는
따로 있다구~!

잘 먹겠습니다~!

삐약~

응? 이게 무슨
소리야?

이런. 혈압 수치가
조금 올랐네.

빽!

여기, 혈압약 드세요.

근데 시계를 보고 혈압 수치가 올라간 걸 어떻게 알아?

저건 시계가 아니고 스마트헬스 시스템이 연결된 스마트워치야. 건강 신호를 자동으로 측정해서 조금이라도 이상 신호가 생기면 알려주는 거란다.

스마트헬스 시스템이요?

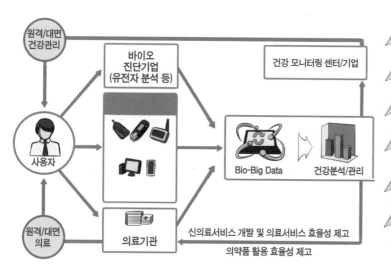

스마트헬스케어

스마트헬스케어는 개인의 건강과 의료에 관한 정보, 기기, 시스템, 플랫폼을 다루는 산업 분야로서 건강 관련 서비스와 의료 IT가 융합된 종합의료서비스를 말합니다.

스마트워치에 탑재된 사물인터넷
헬스케어 시스템이 자동으로 건강정보를
측정해서 질병을 관리하고 예방하는 것을
'스마트헬스케어'라고 해.
원격진료도 가능하단다.

원격진료?
그건 또 뭐예요?

멀리서 진료한다는
뜻인가?

맞아. 너희들은 평소에 아프면
병원의 의사 선생님께 가서
진찰을 받지?

네.

스마트헬스케어는 시스템에 연동된
스마트폰이나 스마트워치, 스마트렌즈,
스마트보청기 등 각종 기기가 사용자의
건강 상태를 자동 저장하고 시스템에
전송해서

병원에 가지 않고도 미리 등록된 의사가
그 정보를 수신하고 자동으로
분석된 데이터를 통해서 환자의
건강이상을 체크할 수 있게 해 줘.

언제 어디서나 조금만 건강에
이상이 생겨도 병원에
가지 않고 집에서 의사의 처방을
받을 수 있게 되는 거지.

와~ 정말 대단해요!

이제 혈압이
정상수치로
돌아왔네요.

음, 그렇구나.

다행이다~!

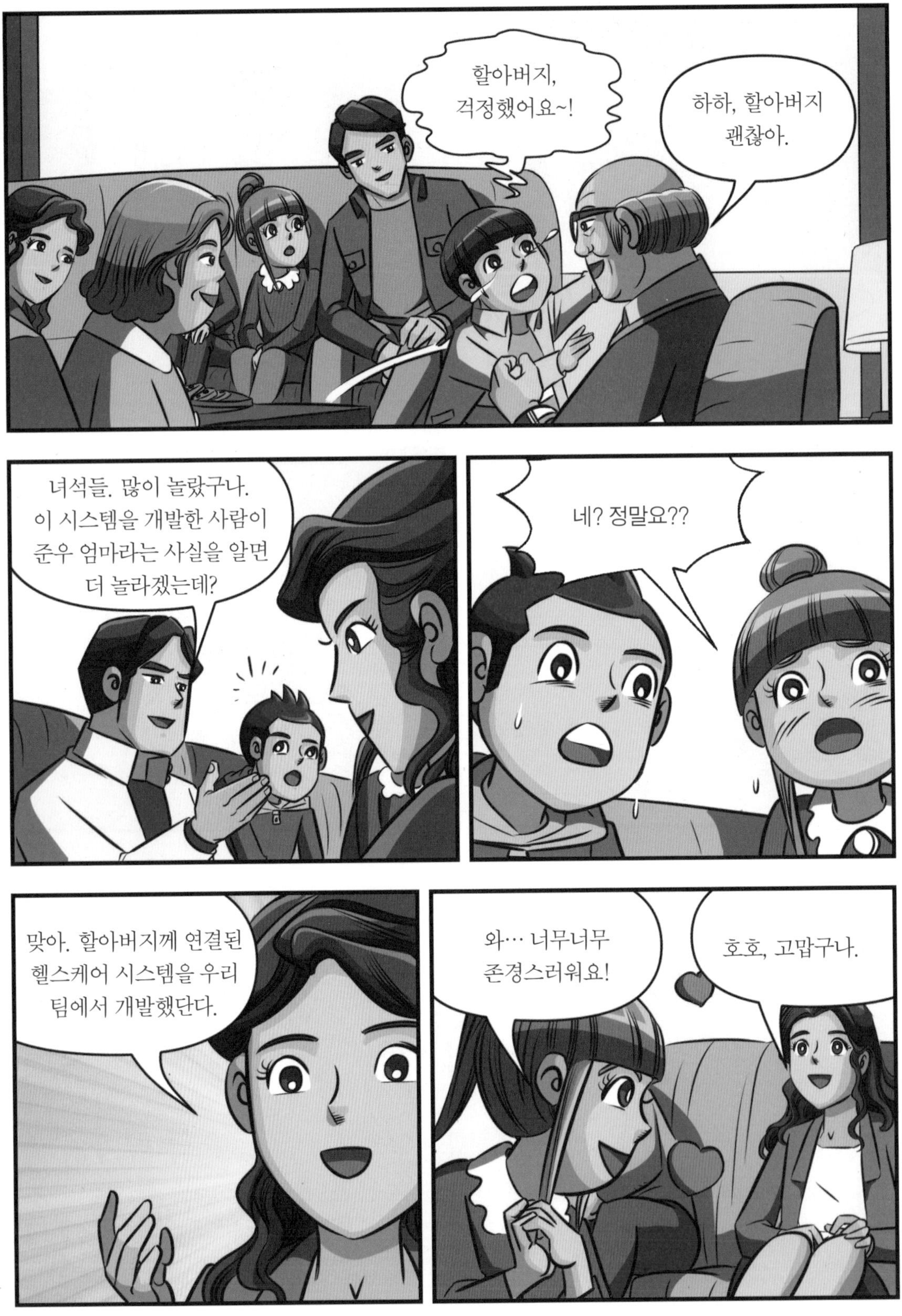
할아버지, 걱정했어요~!
하하, 할아버지 괜찮아.
녀석들. 많이 놀랐구나. 이 시스템을 개발한 사람이 준우 엄마라는 사실을 알면 더 놀라겠는데?
네? 정말요??
맞아. 할아버지께 연결된 헬스케어 시스템을 우리 팀에서 개발했단다.
와… 너무너무 존경스러워요!
호호, 고맙구나.

스마트의료

스마트의료는 첨단 정보통신기술(ICT)을 활용해 언제 어디서나 건강관리를 받을 수 있는 스마트 헬스케어 시스템입니다. 과거 의료기기·제약회사·의료기관을 중심으로 발전해 오던 스마트헬스케어 산업은 정보기술(IT)의 발전에 따라 점차 모바일 운영체제(OS), 통신사, 웨어러블 디바이스의 영역으로 확장돼 가고 있습니다. 미래 의료 패러다임인 정밀·예측·예방·개인 맞춤형 의료로 변화하기 위해서는 대규모의 개인 데이터가 필요한데 이를 위해 많은 나라에서 국가 주도로 의료 빅데이터 프로젝트를 진행하고 있습니다. AI를 이용한 스마트헬스케어는 이제 진단을 넘어 예방과 관리 차원으로 영역을 넓혀 가고 있어 개별 서비스 부문(건강관리, 다이어트, 간편 의료 진단 등)까지 무궁무진한 영역으로 발전 중입니다.

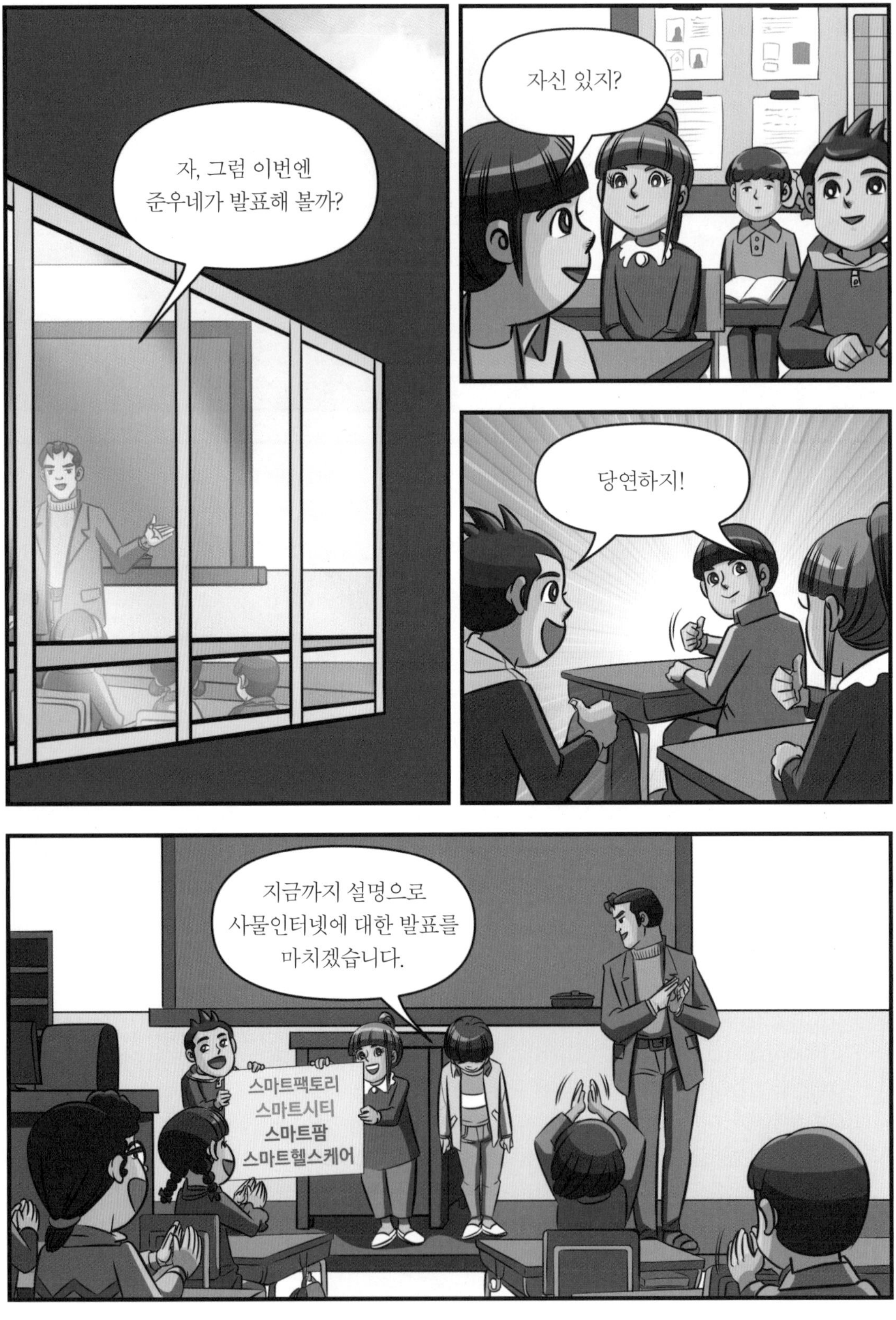
자, 그럼 이번엔
준우네가 발표해 볼까?
자신 있지?
당연하지!
지금까지 설명으로
사물인터넷에 대한 발표를
마치겠습니다.
스마트팩토리
스마트시티
스마트팜
스마트헬스케어

정말 훌륭한 발표였어요. 그럼 이제 점수를 발표…

잠깐만요, 선생님!

응?

헤헤, 저희 발표가 조금 더 남았어요.

그래? 지금까지만 해도 훌륭한 발표였는데 뭐가 또 남았어?

사물인터넷 직업군에 대한 설명, 그리고…

저희들의 장래희망이요!

앞으로 유망한 직업인 사물인터넷 관련 직종으로는 사물인터넷에 필요한 기본 부품들을 개발하고 제조하는 사물인터넷 기기생산가,

사물과 사물 간의 인터넷상에서 실행되는 프로그램을 제작하는 프로그래머 등 여러 직업이 있습니다.

그중에서 제가
되고 싶은 직업은

사물인터넷 제품 개발의
모든 과정을 총괄하는
사물인터넷 기획자입니다.

저는 사물에 센서와 통신 기능을 내장해서
사물끼리 인터넷을 통해 실시간으로
데이터를 주고받는 기술과 환경을 개발하는
사물인터넷 개발자가 되고 싶습니다.

와아~!

저… 저는 사물인터넷
애플리케이션 개발자가
되고 싶습니다!

영철이 너 언제부터 애플리케이션 개발자가 되기로 했어?

헤헤~ 음식이랑 사물인터넷을 연결할 수 있는 사람이 애플리케이션 개발자더라고.

뭐?

언젠가는 사물인터넷을 요리와 결합해서 자동으로 맛있는 음식을 마구 만드는 애플리케이션을 꼭 개발하겠습니다!!

어휴, 영철이는 정말 못 말려~!

헤헤~

하하하~

사물인터넷의 네 가지 기술 요소

스스로 행동할 수 있는 지능을 가진 각각의 사물이 네트워크로 다른 사물 혹은 사람과 소통을 하고, 그렇게 얻은 정보로 새로운 가치와 서비스를 제공하는 사물인터넷이 실현되기 위해 어떤 기술적 요소가 필요한지 알아볼까요?

1. 센서 상황 인지 기술

사물이 특정 대상과 주변의 정보를 습득하는 기술이에요.

2. 통신 네트워크 기술

사물과 사물 혹은 사물과 인터넷이 연결되는 기술이에요.

3. 융합 서비스 기술

사물이 수집한 정보를 응용, 융합하는 기술이에요.

4. 보안 및 프라이버시 보호 기술

해킹과 정보 유출을 방지하는 기술이에요.

이외에도 칩 디바이스 기술, 자율적·지능형 플랫폼 기술, 빅데이터 기술, 데이터마이닝 기술, 웹 서비스 기술 등 다양한 기술이 필요해요.

사물인터넷을 활용한 제품

세계적인 IT 컨설팅 기업인 가트너는 주목할 만한 열 가지 기술 중 하나로 사물인터넷을 꼽았어요. 사물인터넷은 가트너가 2012년부터 꾸준히 언급했던 중요한 기술이에요. 그래서 아마존, 삼성, 샤오미 등 세계적인 기업들도 사물인터넷 기술을 활용한 제품을 선보이고 있어요. 사물인터넷 기술을 활용한 제품은 어떤 게 있는지 알아볼까요?

● 스마트약병

약을 복용할 시간이 되면 소리나 불빛으로 환자에게 알려줘요. 약병 뚜껑에 센서가 달려있어 환자가 약을 먹지 않으면 이를 감지해 데이터를 병원으로 전송해요. 그리고 병원 시스템을 통해 자동으로 환자에게 문자나 전화를 걸어 약을 복용하도록 해요.

● 스마트전구

조명색이 자동으로 변해요. 사용자가 애플리케이션에 원하는 조명색의 사진을 업로드하면 그 사진과 똑같은 색의 조명 빛이 전구에서 나와요. 음악과 동기화시켜서 음악에 맞춰 조명색을 변하게 할 수도 있어요.

● 스마트칫솔

양치질할 때마다 스마트폰에 데이터가 전송돼요. 데이터를 기반으로 사용자의 양치질을 분석하여 올바르게 양치질을 하고 있는지, 치아에 이상은 없는지 알려줘요. 그리고 이 데이터를 치과 의사에게 전송할 수도 있어요. 게임과 연동하여 어린이들이 재미있게 양치질을 할 수도 있어요.

나는 사물인터넷 전문가가 될 거야!

초판 1쇄 발행 · 2021년 4월 30일
초판 3쇄 발행 · 2021년 9월 10일

지은이 · 박연아
그린이 · 이경원
펴낸이 · 이종문(李從聞)
펴낸곳 · 국일아이

등 록 · 제406-2008-000032호
주 소 · 경기도 파주시 광인사길 121 파주출판문화정보산업단지(문발동)
영업부 · Tel 031)955-6050 | Fax 031)955-6051
편집부 · Tel 031)955-6070 | Fax 031)955-6071

평생전화번호 · 0502-237-9101~3

홈페이지 · www.ekugil.com
블 로 그 · blog.naver.com/kugilmedia
페이스북 · www.facebook.com/kugilmedia
E-mail · kugil@ekugil.com

• 값은 표지 뒷면에 표기되어 있습니다.
• 잘못된 책은 구입하신 서점에서 바꿔드립니다.

ISBN 979-11-91637-38-0(14300)
      979-11-87007-74-6(세트)

워크북

Job?

나는 사물인터넷
전문가가 될 거야!

국일아이

목차

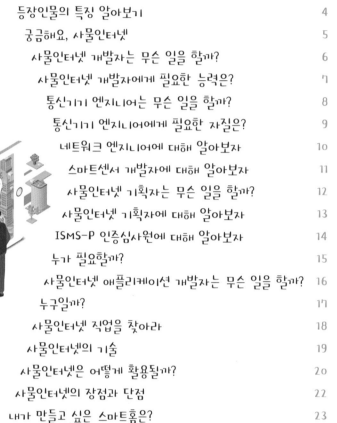

국가직무능력표준(NCS)   3

등장인물의 특징 알아보기   4

궁금해요, 사물인터넷   5

사물인터넷 개발자는 무슨 일을 할까?   6

사물인터넷 개발자에게 필요한 능력은?   7

통신기기 엔지니어는 무슨 일을 할까?   8

통신기기 엔지니어에게 필요한 자질은?   9

네트워크 엔지니어에 대해 알아보자   10

스마트센서 개발자에 대해 알아보자   11

사물인터넷 기획자는 무슨 일을 할까?   12

사물인터넷 기획자에 대해 알아보자   13

ISMS-P 인증심사원에 대해 알아보자   14

누가 필요할까?   15

사물인터넷 애플리케이션 개발자는 무슨 일을 할까?   16

누구일까?   17

사물인터넷 직업을 찾아라   18

사물인터넷의 기술   19

사물인터넷은 어떻게 활용될까?   20

사물인터넷의 장점과 단점   22

내가 만들고 싶은 스마트홈은?   23

해답   24

2

워크북 활용법

직업 탐험   각 기관의 대표 직업(네 가지)이 하는 일, 필요한 지식, 자질 등에 관한 정보뿐만 아니라 관련 직업에 관한 정보를 얻어요.

직업 놀이터   다른 그림 찾기, 숨은그림찾기, 미로 찾기, 색칠하기, ○X퀴즈 등 재미있는 놀이 요소를 통해 직업 상식을 알아봐요.

직업 톡톡   직업 윤리나 직업과 관련한 이야기로 자신의 생각을 표현하며 직업을 간접 체험해요.

NCS
(국가직무능력표준)

국가직무능력표준(NCS, National Competency Standards)이란 국가가 현장에서 직무를 수행하는 데 필요한 지식, 기술, 태도 등을 산업별, 수준별로 표준화한 것을 말한다. 대분류 24개, 중분류 79개, 소분류 253개, 세분류 1,001개로 표준화되었으며 계속 계발 중이므로 더 추가될 예정이다.

국가직무능력표준(NCS)에 따른 24개 분야의 직업군

 01 사업 관리	02 경영·회계 사무	03 금융·보험	04 교육·자연 사회 과학	05 법률·경찰 소방·교도·국방
06 보건·의료	07 사회 복지·종교	08 문화·예술 디자인·방송	09 운전·운송	10 영업·판매
11 경비·청소	12 이용·숙박·여행 오락·스포츠	13 음식 서비스	14 건설	15 기계
16 재료	17 화학	18 섬유·의류	19 전기·전자	20 정보 통신
21 식품 가공	22 인쇄·목재 가구·공예	23 환경·에너지·안전	24 농림·어업	

등장인물의 특징 알아보기

《job? 나는 사물인터넷 전문가가 될 거야!》에는 준우, 소영, 영철, 준우 아빠, 준우 엄마, 준우 삼촌 등이 등장한다. 각 인물을 떠올리며 빈칸을 채워보자.

인물	특징
준우	사물인터넷 전문가인 부모님의 영향을 받아 _____에 대한 지식이 해박한 초등학교 6학년 남자아이이다. 호기심이 많고, 문제 해결 능력이 뛰어나다. 아빠 회사에서 만난 사물인터넷 전문가에게 사물인터넷에 대해 배우며 꿈을 크게 갖게 된다.
소영	준우와 같은 반 친구로 밝고, 섬세한 성격의 여자아이이다. 스마트홈인 준우의 집에 놀러갔다가 신기한 사물인터넷 기기를 경험하며 사물인터넷에 관심을 갖게 되고, 사물인터넷 개발자인 준우 엄마를 동경하게 된다.
영철	준우와 같은 반 친구로 먹는 것을 좋아하고, 요리하는 것이 취미다. 친구들이 하는 말에 엉뚱한 대답을 하여 핀잔을 듣긴 하지만, 친구들 일이라면 발 벗고 나서는 의리파이기도 하다. 맛있는 음식이 마구 만들어지는 사물인터넷 _____을 하고 싶다는 꿈을 꾸게 된다.
준우 아빠	'국일 사물인터넷'이라는 회사의 _____이자 고문이다. 회사의 위급한 상황에서도 침착하게 일을 해결하는 등 대처 능력이 뛰어나고 리더십이 있다. 준우, 소영, 영철에게 사물인터넷 전문가들을 만나게 함으로써 전문가들이 하는 일을 배우고 꿈을 꾸도록 돕는다.
준우 엄마	도시적인 이미지와 달리 부드럽고 온화한 성품이다. _____로 준우 일행에게 사물인터넷이 무엇인지 알려주고 호기심을 해결해준다. 차분하고 항상 미소 띤 얼굴로 아이들이 모르는 것을 친절하게 설명해준다.
준우 삼촌	똑부러지는 성격의 _____다. 준우 할아버지 생신을 맞아 부모님이 계신 곳으로 가는 중 준우와 친구들을 만나게 되는데, 아이들에게 데이터분석가가 하는 일은 물론 스마트팜과 스마트시티에 대해서도 친절하게 설명해준다.

궁금해요, 사물인터넷

사물인터넷은 사물들이 서로 연결된 것 혹은 사물들로 구성된 인터넷을 말한다. 다음 중 사물인터넷에 대한 설명으로 알맞은 것을 모두 찾아보자. (정답은 네 개)

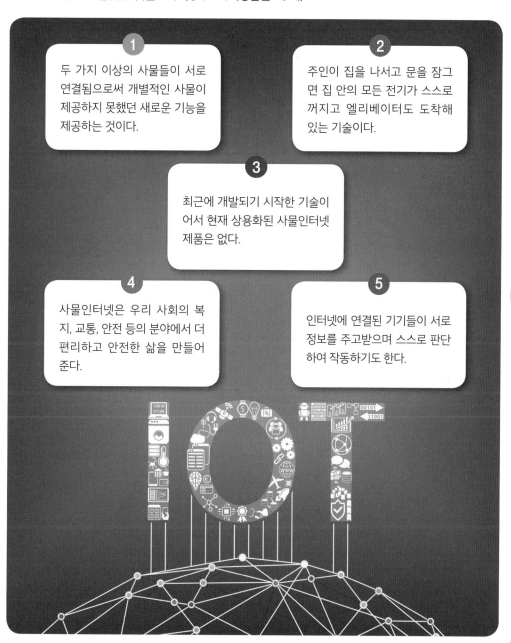

1 두 가지 이상의 사물들이 서로 연결됨으로써 개별적인 사물이 제공하지 못했던 새로운 기능을 제공하는 것이다.

2 주인이 집을 나서고 문을 잠그면 집 안의 모든 전기가 스스로 꺼지고 엘리베이터도 도착해 있는 기술이다.

3 최근에 개발되기 시작한 기술이어서 현재 상용화된 사물인터넷 제품은 없다.

4 사물인터넷은 우리 사회의 복지, 교통, 안전 등의 분야에서 더 편리하고 안전한 삶을 만들어 준다.

5 인터넷에 연결된 기기들이 서로 정보를 주고받으며 스스로 판단하여 작동하기도 한다.

사물인터넷 개발자는 무슨 일을 할까?

사물인터넷 개발자는 사물에 센서와 통신기능을 내장하여 사물끼리 인터넷을 통해 실시간으로 데이터를 주고받는 기술을 개발한다. 다음 중 사물인터넷 개발자가 하는 일을 바르게 알고 있는 친구를 찾아보자. (정답은 세 개)

사물인터넷 개발자에게 필요한 능력은?

앞으로 우리 생활을 더 편리하게 만들 기술을 개발하는 사물인터넷 개발자가 되기 위해 어떤 능력이 필요한지 바른 설명을 찾아보자. (정답은 세 개)

1 사용자가 사용하기 편리한 기기를 개발해야 하므로 다양한 아이디어를 내는 창의력이 필요하다.

2 개발기기의 필요성이나 상용화 가능성을 판단할 수 있는 분석력과 비판적 사고력, 의사결정 능력이 중요하다.

3 사용자가 원하는 기기를 개발해야 하기 때문에 심리학을 전공해야 한다.

4 통신공학, 컴퓨터공학, 소프트웨어공학, 전자공학, 제어계측공학 등을 전공하여 업무에 대한 이해도를 높이는 것이 필요하다.

통신기기 엔지니어는 무슨 일을 할까?

통신기기 엔지니어는 사물인터넷 시대에 맞는 기능과 성능을 갖춘 기술과 통신제품을 연구하고 개발하는 일을 한다. 통신기기 엔지니어가 하는 일에 대한 설명이 맞으면 ○, 틀리면 X 표시를 하고 그 길을 따라 미로를 빠져나가 보자.

❶ 각 사물들이 작동하도록 지시하는 통신기기를 연구하고 개발한다.　○　X

❷ 개발할 통신기기를 보기 좋고 편리하도록 디자인한다.　○　X

❸ 시장조사, 세계 통신업계의 기술 변화 등을 분석하여 새로운 기능과
　성능을 갖춘 통신제품 및 기술 등을 연구하고 개발한다.　○　X

❹ 새롭게 개발된 제품과 기술이 상품화되어 고객에게 서비스될 수 있는지를
　평가하고 검증한다.　○　X

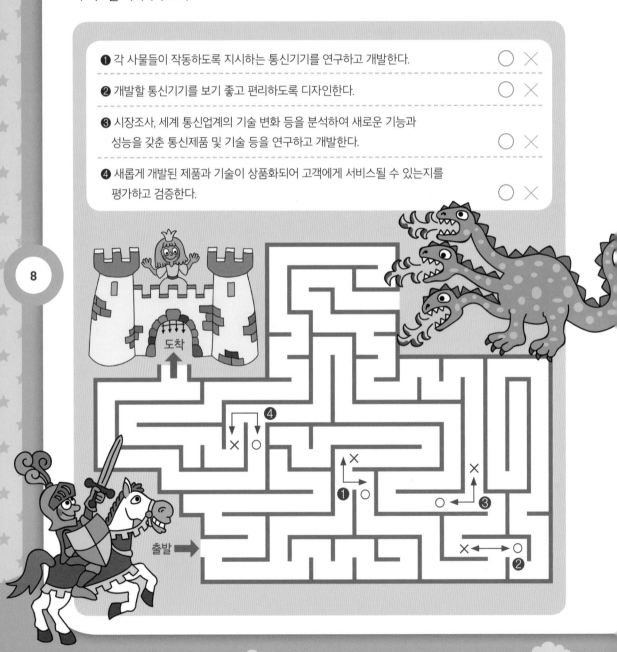

통신기기 엔지니어에게 필요한 자질은?

통신기기 엔지니어는 정보사회에 필요한 통신제품을 발명하는 사람이다. 통신기기 엔지니어에게 어떤 자질이 필요한지 동그라미 표시를 해 보자. (정답은 다섯 개)

1 물리적 현상을 이해하고 분석하는 논리적 사고 능력

2 수학과 확률에 대한 기본 지식

3 인내심과 끈기

4 제품을 똑같이 그리는 그림 실력

5 컴퓨터 네트워크와 하드웨어·소프트웨어의 정보 기술과 응용 능력

6 새로운 기술 습득과 자기계발 노력

네트워크 엔지니어는 사용자가 원하는 네트워크시스템을 분석하고 설계해서 만드는 일을 한다. 다음 설명 중 네트워크 엔지니어에 대해 잘못 설명한 것을 찾아보자.

1 전체적인 네트워크시스템의 구조를 분석하고 평가해서 문제점과 개선책을 알아낸다.

2 네트워크 엔지니어는 혼자 하는 일이기 때문에 협동심이 필요하지 않다.

3 네트워크 장비 설계와 서버 관리를 하기 위해 프로그래밍 언어와 데이터베이스를 알아야 한다.

4 분석적이고 논리적인 사고와 네트워크를 설계하고 문제를 해결할 수 있는 끈기가 필요하다.

스마트센서 개발자에 대해 알아보자

스마트센서는 대상을 감지하고 사물이 반응하게끔 데이터를 처리한다는 점에서 사물인터넷의 핵심 요소로 주목받고 있다. 이러한 스마트센서를 개발하는 스마트센서 개발자에 대해 바르게 알고 있는 친구는 누구인지 찾아보자. (정답은 세 개)

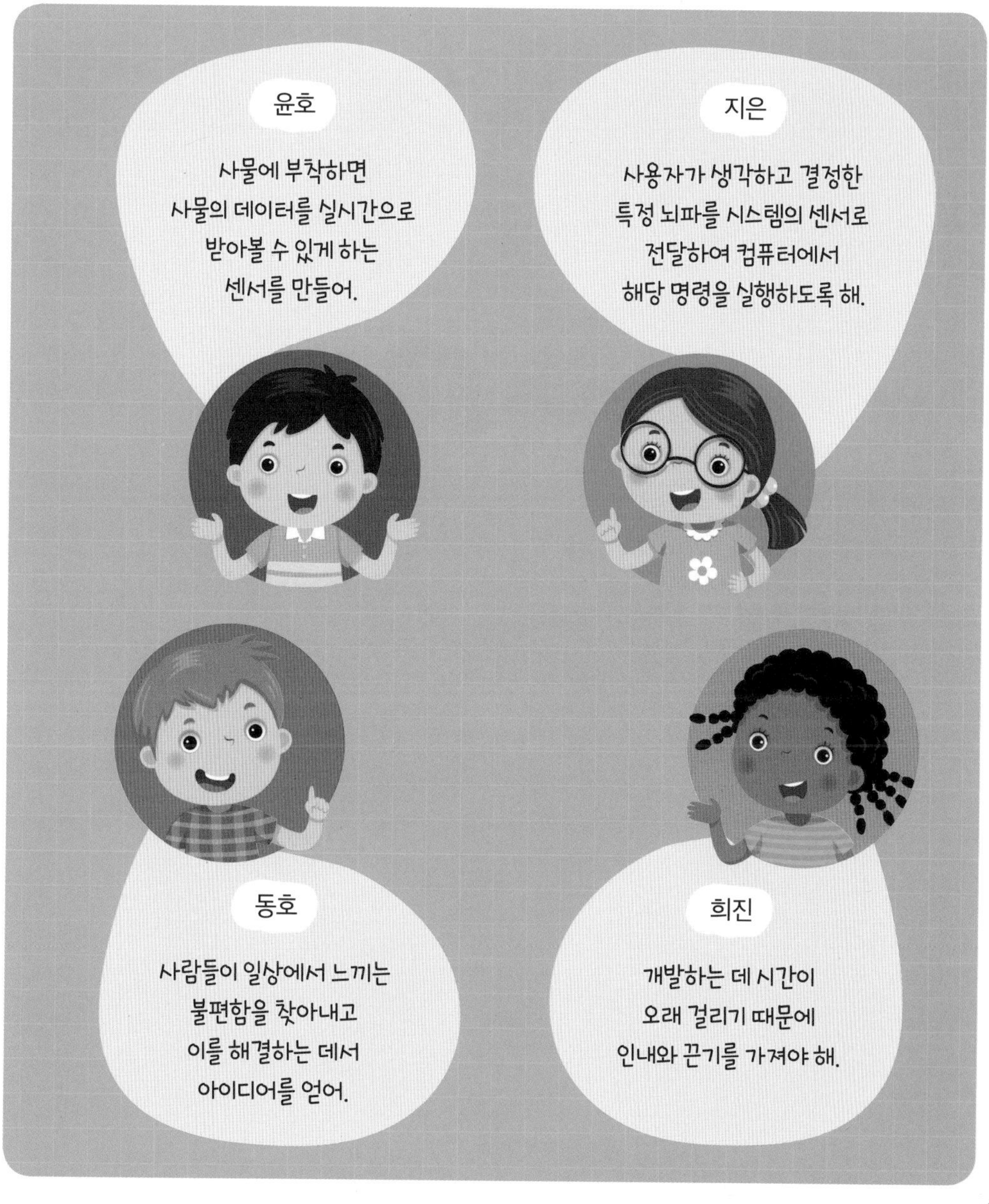
윤호
사물에 부착하면 사물의 데이터를 실시간으로 받아볼 수 있게 하는 센서를 만들어.
지은
사용자가 생각하고 결정한 특정 뇌파를 시스템의 센서로 전달하여 컴퓨터에서 해당 명령을 실행하도록 해.
동호
사람들이 일상에서 느끼는 불편함을 찾아내고 이를 해결하는 데서 아이디어를 얻어.
희진
개발하는 데 시간이 오래 걸리기 때문에 인내와 끈기를 가져야 해.

사물인터넷 기획자는 무슨 일을 할까?

사물인터넷 기획자는 사물인터넷 제품 개발의 모든 과정을 총괄하는 일을 한다. 다음 설명 중 사물인터넷 기획자에 대해 바른 설명을 한 사람을 찾아보자. (정답은 세 개)

사물인터넷 기획자에 대해 알아보자

다음은 사물인터넷 기획자에 대한 설명이다. 설명에 대한 문제를 풀고 그에 맞는 글자를 적어 완성된 단어가 무엇인지 빈칸에 적어보자.

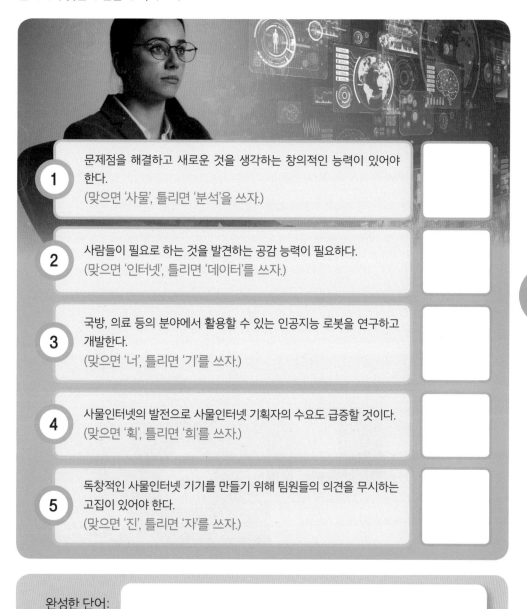

1. 문제점을 해결하고 새로운 것을 생각하는 창의적인 능력이 있어야 한다.
(맞으면 '사물', 틀리면 '분석'을 쓰자.)

2. 사람들이 필요로 하는 것을 발견하는 공감 능력이 필요하다.
(맞으면 '인터넷', 틀리면 '데이터'를 쓰자.)

3. 국방, 의료 등의 분야에서 활용할 수 있는 인공지능 로봇을 연구하고 개발한다.
(맞으면 '너', 틀리면 '기'를 쓰자.)

4. 사물인터넷의 발전으로 사물인터넷 기획자의 수요도 급증할 것이다.
(맞으면 '획', 틀리면 '희'를 쓰자.)

5. 독창적인 사물인터넷 기기를 만들기 위해 팀원들의 의견을 무시하는 고집이 있어야 한다.
(맞으면 '진', 틀리면 '자'를 쓰자.)

완성한 단어:

ISMS-P 인증심사원에 대해 알아보자

사물인터넷이 발전하면서 사물인터넷 구성 요소에 대한 해킹이나 정보 유출을 방지하기 위한 보안 기술의 중요성도 대두되고 있다. 다음 설명 중 사물인터넷의 보안을 인증하는 ISMS-P 인증심사원에 대한 설명이 맞으면 O, 틀리면 X에 동그라미 표시를 해 보자.

1	인증을 요청한 기관의 사물인터넷 보안에 결함이 있는지 확인한다.	◯ ✕
2	보안 사고를 예방하기 위해 사물인터넷 보안 기준에 따라 평가하고 인증한다.	◯ ✕
3	사물인터넷 기기가 사용자 취향에 맞게 만들어졌는지 디자인을 심사한다.	◯ ✕
4	ISMS-P 인증심사원이 되려면 정보보안과 수학을 공부하는 것이 좋다.	◯ ✕
5	심사보고서를 작성하고 피심사자와 의사소통하는 능력이 필요하다.	◯ ✕

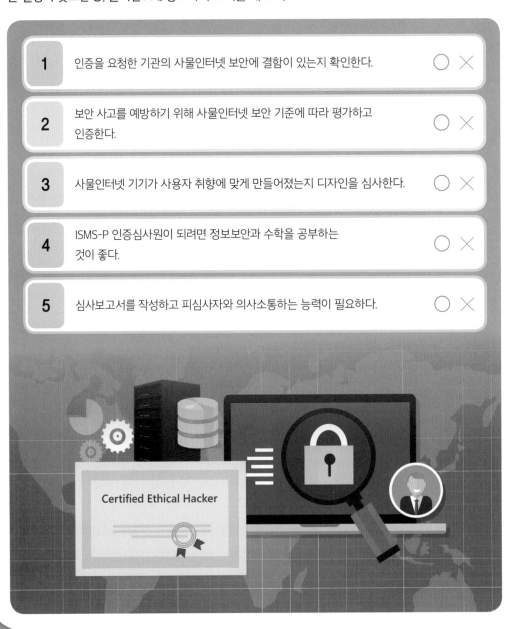

Certified Ethical Hacker

누가 필요할까?

다음은 보검이와 선생님이 말하는 곰인형에 대해 나눈 대화다. 대화를 읽고 이 문제점을 해결해 줄 사물인터넷 전문가는 누구인지 〈보기〉에서 찾아보자.

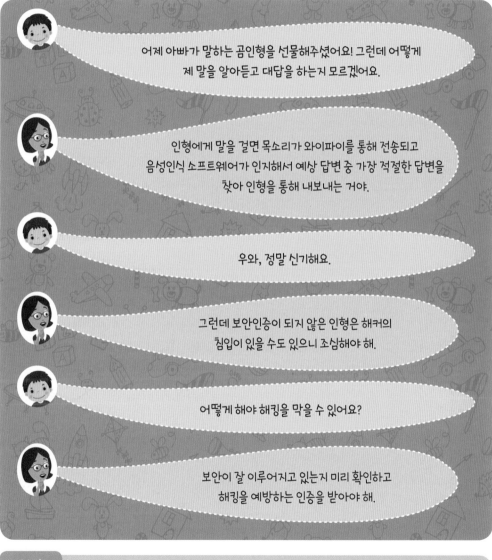

어제 아빠가 말하는 곰인형을 선물해주셨어요! 그런데 어떻게 제 말을 알아듣고 대답을 하는지 모르겠어요.

인형에게 말을 걸면 목소리가 와이파이를 통해 전송되고 음성인식 소프트웨어가 인지해서 예상 답변 중 가장 적절한 답변을 찾아 인형을 통해 내보내는 거야.

우와, 정말 신기해요.

그런데 보안인증이 되지 않은 인형은 해커의 침입이 있을 수도 있으니 조심해야 해.

어떻게 해야 해킹을 막을 수 있어요?

보안이 잘 이루어지고 있는지 미리 확인하고 해킹을 예방하는 인증을 받아야 해.

보기

사물인터넷 기획자, 가상현실 감독, ISMS-P 인증심사원, 네트워크 엔지니어

사물인터넷 애플리케이션 개발자는 무슨 일을 할까?

사물인터넷 애플리케이션 개발자가 하는 일을 바르게 설명한 알파벳을 찾아 색칠한 후 완성한 그림이 무엇인지 확인해 보자.

보기

B 사물인터넷의 구성 요소에 대한 정보 유출을 방지한다.

F 아이트래킹 기술을 이용하여 시선의 방향, 위치 또는 움직임을 추적한다.

K 학생들에게 사물인터넷을 가르친다.

P 컴퓨터 프로그램을 통해 가상현실을 구현한다.

R 날씨 정보와 알람 등 사물과 사물이 연결되는 여러 가지 애플리케이션을 개발하는 일을 한다.

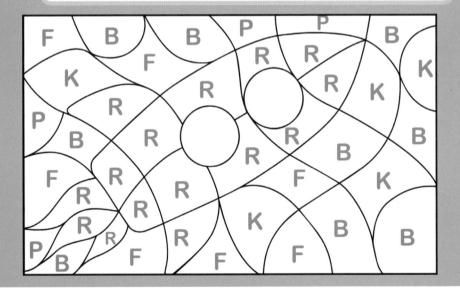

완성한 그림:

〈보기〉에서 소개하는 사람은 사물인터넷 전문가 중 한 사람이다. 누구에 관한 설명일까?

보기

❶ 어지럽게 흩어져 있는 데이터를 찾고 분석하여 의미 있고 쓸모 있는 데이터를 도출한다.

❷ 미래의 초연결 세상에서 문화, 기술, 정서면에서 어떤 사물인터넷 기기가 쓰이고 쓰이지 않을지 데이터를 분석하여 예측하기도 한다.

❸ 사물인터넷 네트워크와 제품을 개선하고 더 나은 성능으로 개발하는 방법을 기업에게 설명한다.

❹ 빅데이터를 어떻게 추출하고 활용할지에 대해 기획하고 이를 분석하는 전 과정을 총괄한다.

사물인터넷 기획자

데이터분석가

17

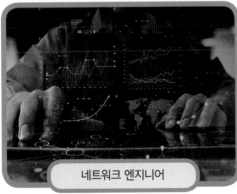
네트워크 엔지니어

사물인터넷 개발자

정답:

사물인터넷 직업을 찾아라

사물인터넷과 관련된 직업은 여러 가지가 있다. 〈보기〉에서 사물인터넷과 관련된 직업으로만 나열한 알파벳을 찾아 선을 따라가 보자.

A. 네트워크 엔지니어, 빅데이터 분석가, 드론 조종사

B. 블록체인 개발자, 오감 인터랙션 개발자, 가상현실 전문가

C. 사물인터넷 개발자, 통신기기 엔지니어, 스마트센서 개발자

D. 로봇 개발자, 사물인터넷 기획자, 아이트래킹 전문가

사물인터넷의 기술

사물인터넷을 구현하기 위해 많은 기술이 필요하다. 그 중 대표적인 네 가지 기술과 그에 대한 설명을 바르게 연결해 보자.

유형의 사물과 주위 환경으로부터 정보를 얻는다.

보안 및 프라이버시 보호 기술

사물이 인터넷에 연결되도록 지원한다.

센서 상황 인지 기술

각종 서비스 분야와 형태에 적합하도록 정보를 가공하여 처리하거나 각종 기술을 융합한다.

유무선 통신 및 네트워크 인프라 기술

대량의 데이터 등 사물인터넷 구성 요소에 대한 해킹이나 정보 유출을 방지한다.

융합 서비스 기술

사물인터넷은 어떻게 활용될까?

사물인터넷은 가정, 도시, 농장, 공장 등 다양한 분야에 걸쳐 그 활용 범위가 넓어지고 있다. 사물인터넷이 어느 분야에서 활용되고 있는지 알아보고 〈보기〉를 참고하여 빈칸에 알맞은 말을 넣어 보자.

❶

집 안의 가전제품을 비롯해 수도, 전기, 도어록 등 다양한 분야에서 모든 것을 통신망으로 연결해 제어할 수 있다. AI가 상황과 사용자의 취향을 학습하고 그에 맞게 스스로 작동하기도 한다.

❷

제품을 조립, 포장하고 기계를 점검하는 전 과정이 자동으로 이뤄지는 공장이다. 제품에 불량품이 생기거나 이상 징후가 나타나면 인공지능이 파악하여 전체적인 생산 과정을 제어한다.

❸

교통, 환경, 주거 문제를 해결해서 시민들이 편리하고 쾌적한 삶을 누릴 수 있도록 한 똑똑한 도시다. 실시간으로 교통 정보를 얻을 수 있어 교통 체증이 줄고, 원격 근무가 가능해지는 등 거주자들의 생활이 편리해진다.

❹

농가의 비닐하우스에 정보통신기술을 연결해서 스마트폰을 통해 작물과 가축의 환경을 원격 제어하고 최적의 환경을 유지하고 관리하는 농장이다.

❺

스마트 기기를 이용하여 사용자의 건강 상태를 점검하고, 환자의 질병 상태를 분석하여 실시간으로 개인에게 최적화된 맞춤형 건강관리 서비스를 제공한다.

❻

첨단 기술의 컴퓨터, 통신을 이용하여 자동으로 운행할 수 있는 차량이다. 전기, 전자, 지능 제어 기술 및 네트워크의 결합을 통해 안전, 편의성, 정보 및 멀티미디어 활용이 크게 확대된 정보통신기술의 결정체다.

보기

스마트헬스케어, 스마트카, 스마트홈, 스마트시티, 스마트팩토리, 스마트팜

사물인터넷의 장점과 단점

사물인터넷에 대한 설명 중 장점을 설명한 번호를 ① 👍 안에, 단점을 설명한 번호를 ② 👎 안에 적어 보자. (정답은 각 세 개)

1 새벽에 비가 오니까 다른 날보다 30분 일찍 알람이 울리더라. 그 덕에 지각하지 않을 수 있었어.

2 사물인터넷 가전제품은 편리하긴 하지만 가격이 비싸기 때문에 사고 싶어도 경제적으로 부담이 돼.

3 냉장고 안에 어떤 재료가 있는지 파악하고 부족한 재료는 스스로 알아서 주문을 하기 때문에 시간 절약을 할 수 있어.

4 사물인터넷 기기가 해킹당하면 사생활이 침해되기도 해.

5 대소변으로 건강 상태를 체크하고 이상이 발견되면 정보를 자동으로 병원에 전송해 줘.

6 해킹을 당해 차의 방향이나, 브레이크, 속도 등이 의도적으로 조작되면 큰 교통사고를 유발할 수도 있어.

22

내가 만들고 싶은 스마트홈은?

사물인터넷의 발달로 집 밖에서도 스마트폰을 이용하여 가전기기, 보안장치 등을 작동할 수 있다. 내가 사물인터넷 개발자라면 집 안의 어떤 기기를 개발하여 스마트홈을 만들지 상상해서 적어 보자.

나는 이런 스마트홈을 꾸밀 거야!

4.   사물인터넷, 앱 개발, 사물인터넷 기획자, 사물인터넷 개발자, 데이터분석가
5.   ①, ②, ④, ⑤
6.   은혜, 우주, 혜민
7.   ①, ②, ④
8.   ○, X, ○, ○

9.   ①, ②, ③, ⑤, ⑥
10. ②
11. 윤호, 동호, 희진
12. 할머니, 엄마, 아빠
13. 사물인터넷 기획자
14. ○, ○, X, ○, ○
15. ISMS-P 인증심사원
16. R, 로켓

17. 데이터분석가
18. C
19.

20-21.   스마트홈, 스마트팩토리, 스마트시티, 스마트팜, 스마트헬스케어, 스마트카
22. ① 👍 : 1, 3, 5, ② 👎 : 2, 4, 6